CATALOGUE SPÉCIAL

POUR LES

REPRODUCTIONS

Le présent Catalogue annule les précédents.

REPRODUCTION — TRADUCTION

CATALOGUE SPÉCIAL

POUR LES

REPRODUCTIONS

DE

ROMANS-FEUILLETONS, NOUVELLES, VARIÉTÉS

LITTÉRAIRES ET SCIENTIFIQUES

DANS LES

JOURNAUX DE FRANCE ET DE L'ÉTRANGER

DEUXIÈME ÉDITION

PARIS

CALMANN LÉVY, ÉDITEUR

ANCIENNE MAISON MICHEL LÉVY FRÈRES

3, RUE AUBERT, 3

REPRODUCTION
dans
LES JOURNAUX DE LA FRANCE
ET DE L'ÉTRANGER
de
ROMANS-FEUILLETONS
NOUVELLES ET VARIÉTÉS

ADMINISTRATION
RUE AUBER, 3, A PARIS

AVIS IMPORTANT

Il suffit de parcourir ce catalogue pour se convaincre qu'il comprend les noms les plus célèbres de la littérature contemporaine et qu'il offre le choix le plus varié qu'on puisse souhaiter d'œuvres consacrées par le succès.

Dans cette importante collection, figurent une grande quantité de volumes composés de *Nouvelles*, de *Variétés* et d'articles de tout genre. Le titre général de ces ouvrages est suivi des titres particuliers de tous les morceaux qu'ils renferment avec l'indication du nombre de pages de chacun d'eux. On pourra ainsi, selon les besoins du moment et les exigences de l'actualité, retrouver ou reproduire telles ou telles études d'écrivains en renom, ayant trait à des personnages, à des questions ou à des choses revenus à l'ordre du jour. Ce catalogue est donc appelé à rendre à la presse de signalés services.

Les journaux abonnés recevront successivement des catalogues supplémentaires destinés à les tenir au courant des publications nouvelles qu'ils pourront reproduire. Un exemplaire des œuvres qu'ils désireront publier leur sera envoyé *gratuitement,* comme copie.

Les *abonnements à la reproduction* ne pourront être contractés pour moins d'une année. Un abonnement de plusieurs années donnera droit à une réduction de prix notable.

Les conditions de l'abonnement seront immédiatement communiquées à tout journal qui en fera la demande, en ayant soin de faire en même temps connaitre son *prix,* son *format* et sa *périodicité.*

Avant de commencer la reproduction d'un ouvrage, on sera tenu d'indiquer, au moins *huit jours à l'avance,* le titre de l'œuvre choisie.

Toutefois, les articles *Variétés* n'entraîneront pas aussi étroitement cette condition, qui empêcherait la publication des actualités en temps opportun.

En dehors des abonnements, il ne sera accordé d'autorisation que pour la reproduction de mille lignes au moins, et ces lignes seront comptées, pour les journaux de départements, à quatre centimes, et, pour les journaux de Paris, à cinq centimes par ligne du volume donné comme texte.

La mention suivante devra être imprimée au bas de la première colonne de chaque feuilleton :

Reproduction interdite aux journaux qui n'ont pas de traité avec M. Calmann Lévy, éditeur, à Paris.

CATALOGUE SPÉCIAL

POUR LES

REPRODUCTIONS

ACHIM D'ARNIM

		Nombre de pages.
CONTES BIZARRES :		
— Isabelle d'Égypte	conte	191
— Marie-Meluck-Blainville	—	52
— Les Héritiers du Majorat	—	70

ADOLPHE ADAM

SOUVENIRS D'UN MUSICIEN :		
— Notice biographique par lui-même	variété	42
— Boïeldieu	—	26
— Hérold	—	12
— Les Concerts d'amateurs, tribulations d'un musicien	—	12
— Les Musiciens de Paris	—	14
— De l'Origine de l'Opéra en France	—	10
— L'*Armide* de Lulli	—	30
— Un Début en province	—	20
— Le Violon de fer-blanc	—	10
— Un Musicien du XVIIIe siècle	—	30
— Une Conspiration sous Louis XVIII	—	12
— Jean-Jacques Rousseau musicien	—	40
— Dalayrac	—	50

		Nombre de pages.
DERNIERS SOUVENIRS D'UN MUSICIEN :		
— La Jeunesse d'Haydn	variété	30
— Rameau	—	36
— Gluck et Méhul. — La répétition d'*Iphigénie en Tauride*	—	34
— Monsigny	—	35
— Gossec	—	44
— Berton	—	40
— Cherubini	—	12
— Rossini. — Le *Stabat Mater*	—	28
— La *Dame Blanche* de Boïeldieu	—	18
— Donizetti	—	16
— Concert donné par A. Marrast à l'hôtel de la présidence (1849)	—	2

W.-H. AINSWORTH

LE GENTILHOMME DES GRANDES ROUTES, 2 volumes	roman	639

TH.-B. ALDRICH

MARJORIE DAW	nouvelle	61
— Mademoiselle Olympe Zabriski	—	25
— Prudence Palfrey	roman	200
— Le Palmier-dattes du père Antoine	nouvelle	12
— Tout à fait	—	29
LA REINE DE SABA	—	136

DUC D'ALENÇON

LUÇON ET MINDANAO	voyage	219

HENRI AMIC

		Nombre de pages.
AU PAYS DE GRETCHEN	souv. de voyage.	390
MADAME DE KARNEL	roman	303
PLAISIR D'AMOUR :		
— Histoire d'une Gondole	nouvelle	65
— L'Épouse du Seigneur	—	33
— Les Suites d'un bal de l'Opéra	—	35
— Questions délicates	—	19
— Un Jour de congé	—	21
— L'Audience du Pape	—	13
— La Cloison	—	15
— Une Vicomtesse, née quincaillière	—	31
— Adine Cailleux	—	23
— Un Prix du Conservatoire	—	75
RENÉE	roman	299
LES VINGT-HUIT JOURS D'UN RÉSERVISTE	esquisses de la vie militaire	303

J.-J. AMPÈRE

CÉSAR	scène historique	410
L'EMPIRE ROMAIN A ROME, 2 vol.	histoire	851
L'HISTOIRE ROMAINE A ROME, 4 vol.	—	2315
MÉLANGES D'HISTOIRE LITTÉRAIRE ET DE LITTÉRATURE, 2 vol.	variétés	1035
PROMENADE EN AMÉRIQUE, 2 vol.	—	839
VOYAGE EN ÉGYPTE ET EN NUBIE	—	577

F. ANTONY

JEAN DE COURTEIL	roman	344

MADAME D'ARBOUVILLE

UNE VIE HEUREUSE	nouvelle	61
— Une Histoire hollandaise	—	192
MARIE-MADELEINE		109
— Le Médecin de village	—	112
— Résignation	—	44

B. ARBRÉ DE LA ROCHE

Nombre de pages.

UN PARQUET EN PROVINCE. . . . . . . roman 359

JOSEPH D'ARÇAY

INDISCRÉTIONS CONTEMPORAINES . . . souv. intimes . 408

N. D'ARNOLDI

NATACHA. . . . . nouvelles. . . 157

ANDRÉ D'ARRÈZE

LINDA . . . . roman 281

PIOTRE ARTAMOW

HISTOIRE D'UN BOUTON . . . . roman 212

ÉMILE AUGIER

— ŒUVRES COMPLÈTES —

THÉATRE COMPLET, TOME I :
— La Ciguë. . . . . com. 2 ac. vers 71
— Un Homme de bien . . . . . . — 3 ac. vers 79
— L'Aventurière . . . . — 4 ac. vers 113
— L'Habit vert . . . . proverbe 1 acte 41
— Gabrielle . . . . com. 5 ac. vers 116
— Le Joueur de flûte. . . . . . . — 1 ac. vers 51

TOME II :
— Diane . . . . dr. 5 act. vers 116
— Philiberte . . . . com. 1 ac. vers 93
— Le Gendre de M. Poirier. . . . . . — 4 actes . . 121
— Ceinture dorée. . . . . — 3 actes . . 127

TOME III :
— La Pierre de touche. . . . . coméd. 5 actes 140
— Le Mariage d'Olympe . . . . . . pièce 3 actes. 146
— La Jeunesse. . . . . com. 5 ac. vers 114
— Sapho. . . . . opér. 3 ac. vers 43

		Nombre de pages.
TOME IV :		
— Les Lionnes pauvres.	pièce 5 actes.	122
— Un beau Mariage .	coméd. 4 actes	134
— Les Effrontés ..	— 5 actes	150
TOME V :		
— Le Fils de Giboyer	coméd. 5 actes	173
— Maître Guérin.	— —	174
— La Contagion	— —	150
TOME VI :		
— Paul Forestier.	coméd. 4 actes	113
— Le Post-scriptum.	— 1 acte.	26
— Lions et renards.	— 5 actes	140
— Jean de Thommeray.	— 5 actes	140
— Madame Caverlet.	pièce 4 actes	96
ŒUVRES DIVERSES :		
— Les Pariétaires.	poésies.	63
— Les Méprises de l'amour.	comédie past.	134
— La Question électorale	étude.	26

DUC D'AUMALE

HISTOIRE DES PRINCES DE CONDÉ, 4 vol.	étude historiq.	2098
LES INSTITUTIONS MILITAIRES DE LA FRANCE	étude	284
LES ZOUAVES ET CHASSEURS A PIED :		
— Les Zouaves.	—	97
— Les Chasseurs à pied	—	85

L'AUTEUR DE LA DUCHESSE D'ORLÉANS

Mme LA DUCHESSE D'ORLÉANS	étude historiq.	239
VIE DE JEANNE D'ARC	—	346

L'AUTEUR DE « JOHN HALIFAX »

UNE EXCEPTION	roman	310
LA MÉPRISE DE CHRISTINE	—	317
OLIVIA, 2 volumes	—	638

L'AUTEUR DE « ROBERT EMMET »

Nombre de pages

LA JEUNESSE DE LORD BYRON.	étude. . . .	281
DERNIÈRES ANNÉES DE LORD BYRON.	— . . .	283
MARGUERITE DE VALOIS, REINE DE NAVARRE	— . . .	283
ROBERT EMMET	roman histor .	281
SOUVENIRS D'UNE DEMOISELLE D'HONNEUR DE LA DUCHESSE DE BOURGOGNE.	roman	269

L'AUTEUR DE « LE VASTE MONDE »

ÉLÉONORE POWLE, 2 volumes. 610

J. AUTRAN

ŒUVRES COMPLÈTES

POÈMES DE LA MER	poésies. .	399
LA VIE RURALE	—	398
LA FLUTE ET LE TAMBOUR.	—	410
SONNETS CAPRICIEUX . .	—	408
LA LYRE A SEPT CORDES .	—	403
LA COMÉDIE DE L'HISTOIRE	—	301

DRAMES ET COMÉDIES :

— Les Noces de Thétis .	comédie. . . .	46
— La Fille d'Eschyle. .	étude antique.	122
— Le Cyclope . . .	étude. . . .	70
— Don Juan de Pavilla .	drame . . .	128
— Le Sonnet. . . .	comédie . . .	38
— Le Roi d'Arles. .	théâtre. . . .	42
— Petit Dialogue entre deux ombres .	dialogue . . .	18

LETTRES ET NOTES DE VOYAGE :

— La Maison démolie.	nouvelle . . .	199
— Variétés.	—	88
— Voyage en Italie. . . .	voyages . .	214

Mme JOSÉPHINE-R. BACKER

Nombre
de pages.

SANS REMORDS . . . . roman 234

BARONNE DE B***

LES MARIAGES D'A-PRÉSENT . . . . . . roman . . . 201
— Un cas de divorce. . . . . nouvelle . . . 127

ADOLPHE BADIN

COULOIRS ET COULISSES :

— Les Confidences de Mademoiselle Marie
   d'Herbelot. . . . . nouvelle . . . 41
— Dans une loge d'artiste . . . . . — . . 24
— Une Histoire banale . . . . — . . 24
— Blanche Brétigny. . . . . — . . 26
— Père et fille . . . . — . . 30
— Lucy Vernon . . . . — . . 20
— Toutes les mêmes . . . . — . . 16
— Dans le monde . . . . — . . 22
— Une Consultation . . . . — . . 14
— 1870-1871 . . . . — . . 44
— Au Bois. . . . . — . . 36
— A la Mer . . . . — . . 50

UN PARISIEN CHEZ LES RUSSES :

MOSCOU

— Picha la bohémienne. . . . . . . — . . 83
— Une Journée au Kremlin . . . . . — . . 28
— Ce que miss Hutchinson était venue
   faire à Moscou. . . . . — . . 87

SAINT-PÉTERSBOURG

— Une Réhabilitation nécessaire. . . . variété . . 39
— Le Chasse-neige . . . . — . . . 56
— Un Roman du comte Tolstoï. . . . — . . . 55

	Nombre de pages.
PETITS COTÉS D'UN GRAND DRAME :	
I. — LA GUERRE	
— Un Blessé............ nouvelle	30
— Le Moulin de Fleury........ —	42
— L'Option............ —	58
II. — L'ARMISTICE	
— Les Deux Maris de Mlle Evans. —	143
III. — LA COMMUNE	
— Madame Herbelet........ —	70
— La Femme du Communard... —	64

H. DE BALZAC[1]

— ŒUVRES COMPLÈTES —

SCÈNES DE LA VIE PRIVÉE

LA MAISON DU CHAT QUI PELOTE...	roman	60
— Le Bal de Sceaux.......	—	62
— La Bourse..........	—	34
— La Vendetta.........	—	72
— Madame Firmiani.......	—	25
— Une double Famille......	—	73
LA PAIX DU MÉNAGE......	—	46
— La fausse Maîtresse......	—	62
— Étude de femme.......	—	42
— Autre Étude de femme.....	—	48
— La grande Brétèche......	—	28
— Albert Savarus........	—	135
MÉMOIRES DE DEUX JEUNES MARIÉES..	—	224
— Une Fille d'Ève........	—	122
LA FEMME DE TRENTE ANS...	—	188
— La Femme abandonnée.....	—	44
— La Grenadière........	—	26
— Le Message.........	—	13
— Gobseck...........	—	56

1. Consulter pour les détails de l'œuvre complet de BALZAC, le savant ouvrage de M. de LOVENJOUL, intitulé HISTOIRE DES ŒUVRES DE BALZAC.

		Nombre de pages.
LE CONTRAT DE MARIAGE	roman	140
— Un Début dans la vie	—	171
MODESTE MIGNON	—	312
BÉATRIX	—	342
HONORINE	—	94
— Le Colonel Chabert	—	82
— La Messe de l'Athée	—	122
— L'Interdiction	—	94
— Pierre Grassou	—	27

SCÈNES DE LA VIE DE PROVINCE

URSULE MIROUET	roman	358
EUGÉNIE GRANDET	—	283
LES CÉLIBATAIRES, tome Ier :		
— Pierrette	—	202
— Le Curé de Tours	—	98
LES CÉLIBATAIRES, tome II :		
— Un Ménage de garçon	—	336
LES PARISIENS EN PROVINCE :		
— L'illustre Gaudissart	—	60
— La Muse du département	—	148
LES RIVALITÉS :		
— La vieille Fille	—	166
— Le Cabinet des Antiques	—	173
LE LYS DANS LA VALLÉE	—	310
ILLUSIONS PERDUES, tome Ier :		
— Les deux Poètes	—	158
— Un grand Homme de province, à Paris (1re partie)	—	217
ILLUSIONS PERDUES, tome II		
— Un grand Homme de province, à Paris (2e partie)	—	133
— Ève et David	—	217

1.

		Nombre de pages.

SCÈNES DE LA VIE PARISIENNE

SPLENDEURS ET MISÈRES DES COURTISANES :		
— Esther heureuse............	roman	152
— A combien l'amour revient aux vieillards..............	—	136
— Où mènent les mauvais chemins..	—	108
LA DERNIÈRE INCARNATION DE VAUTRIN	—	169
— Un Prince de la Bohême......	—	42
— Un Homme d'affaires........	—	23
— Gaudissart II............	—	13
— Les Comédiens sans le savoir ..	—	73
HISTOIRE DES TREIZE :		
— Ferragus, chef des Dévorants ...	—	127
— La Duchesse de Langeais.....	—	144
— La Fille aux yeux d'or.......	—	76
LE PÈRE GORIOT............	—	311
GRANDEUR ET DÉCADENCE DE CÉSAR BIROTTEAU...........	—	311
LA MAISON NUCINGEN.........	—	68
— Les Secrets de la Princesse de Cadignan...............	—	60
— Les Employés............	—	232
— Sarrasine..............	—	36
— Facino Cane............	—	15
LES PARENTS PAUVRES, tome Iᵉʳ :		
— La Cousine Bette..........	—	412
LES PARENTS PAUVRES, tome II :		
— Le Cousin Pons...........	—	356

SCÈNES DE LA VIE POLITIQUE

UNE TÉNÉBREUSE AFFAIRE.......	roman	286
— Un Épisode sous la Terreur	—	25
L'ENVERS DE L'HISTOIRE CONTEMPORAINE................	—	274
— Z. Marcas..............	—	36
LE DÉPUTÉ D'ARCIS	—	347

		Nombre de pages.
SCÈNES DE LA VIE MILITAIRE		
LES CHOUANS ou la Bretagne en 1799. . roman	...	362
— Une Passion dans le désert. . . . . —	. .	17
SCÈNES DE LA VIE DE CAMPAGNE		
LE MÉDECIN DE CAMPAGNE. . . . . roman	...	314
LE CURÉ DE VILLAGE . . . . —	...	315
LES PAYSANS. . . . . —	...	365
ÉTUDES PHILOSOPHIQUES		
LA PEAU DE CHAGRIN . . . . roman	...	308
LA RECHERCHE DE L'ABSOLU . . . . . —	. .	230
— Jésus-Christ en Flandre . . . . . —	. .	22
— Melmoth réconcilié. . . . . . —	. .	59
— Le Chef-d'œuvre inconnu . . . —	. .	34
L'ENFANT MAUDIT.. . . . . —	. .	116
— Gambara. . . . . —	. .	70
— Massimilla Doni... . . . . . —	. .	92
LES MARANA. . . . . —	. .	68
— Adieu . . . . —	. .	50
— Le Réquisitionnaire . . . . . —	. .	20
— El Verdugo. . . . . —	. .	14
— Un Drame au fond de la Mer. . . . —	. .	24
— L'Auberge rouge. . . . . —	. .	40
— L'Élixir de longue vie . . . . . —	. .	28
— Maître Cornélius. . . . . . . —	. .	67
SUR CATHERINE DE MÉDICIS . . . . . —	. .	345
LOUIS LAMBERT . . . . —	. .	134
— Les Proscrits . . . . —	. .	40
— Séraphîta . . . . —	. .	166
ÉTUDES ANALYTIQUES		
PHYSIOLOGIE DU MARIAGE, ou méditations de philosophie éclectique sur le bonheur et le malheur conjugal. . . . étude	...	313
PETITES MISÈRES DE LA VIE CONJUGALE. . —	...	310

CONTES DROLATIQUES

		Nombre de pages.
— Avertissement.	variété	4
— Prologue	—	4

TOME PREMIER :

— La belle Impéria.	conte	28
— Le Péché véniel.	—	70
— La Mye du roi.	—	26
— L'Héritier du Diable.	—	34
— Les Joyeulsetez du roy Loys le unzième.	—	32
— La Connestable	—	10
— La Pucelle de Thilhouze.	—	34
— Le Frère d'armes	—	26
— Le Curé d'Azay-le-Rideau.	—	16
— L'Apostrophe.	—	18

TOME DEUXIÈME :

— Prologue.	variété	8
— Les trois Clercs de Sainct-Nicholas.	conte	26
— Le Ieusne de François premier	—	12
— Les bons Proupos des Religieuses de Poissy.	—	28
— Comment feut basty le chasteau d'Azay	—	28
— La faulse Courtizane.	—	22
— Le Dangier d'estre trop cocquebin.	—	18
— La chière Nuictée d'amour.	—	20
— Le Prosne du joyeulx Curé de Meudon.	—	28
— Le Succube	—	104
— Désespérance d'Amour.	—	10

TOME TROISIÈME :

— Prologue.	—	10
— Persévérance d'Amour.	—	36
— D'ung Iusticiard qui ne se remembroyt les chouses	—	20
— Sur le Moyne Amador, qui feut un glorieux abbé de Turpenay.	—	3
— Berthe la repentie.	—	62
— Comment la belle Fille de Portillon quinaulda son juge.	—	12

		Nombre de pages.
— Cy est démonstré que la Fortune est tousiours femelle	conte.	30
— D'ung Paouvre qui avoyt nom le Vieulx-par-Chemins	—	16
— Dires incongrus de trois Pèlerins.	—	12
— Naifveté.	—	6
— La belle Impéria mariée.	—	36

THÉATRE

TOME PREMIER :

— Vautrin	drame 3 actes.	134
— Les Ressources de Quinola	coméd. 5 actes.	146
— Paméla Giraud	pièce 5 actes.	97

TOME SECOND :

— La Marâtre	drame 5 actes.	149
— Mercadet (Le Faiseur)	coméd. 5 actes.	163

ŒUVRES DIVERSES

CONTES ET NOUVELLES :

— Souvenirs d'un Paria	nouvelle	182
— La Comédie du Diable	—	36
— L'Archevêque	—	6
— Ressouvenirs	—	
— Une Lutte	—	
— La Mort de ma Tante	—	4
— Vengeance d'Artiste	—	4
— Une Inconséquence	—	4
— Les deux Dragons	—	6
— Le Marchand de bustes	—	4
— Une Passion de collège	—	4
— Un Lendemain	—	4
— Histoire de giberne	—	4
— Le Cornac de Carlsruhe	—	4
— L'Embuscade	—	4
— Tableau d'un intérieur de famille	—	6
— Le Patriotisme de Clarice	—	4
— Le Dôme des Invalides	—	6
— Deux Destinées d'hommes	—	4
— Échantillon de causerie française	—	32
— Le Refus	—	8

		Nombre de pages.
— Aventures administratives d'une idée heureuse	nouvelle	12
— Les Martyrs ignorés	—	33
— La Filandière	—	28
— Tony Sans-Soin	—	6
— Une Rue de Paris et son Habitant	—	14

ESSAIS ANALYTIQUES :

— Étude de mœurs par les gants	étude	6
— Complaintes satiriques sur les Mœurs du temps présent	variété	12
— Nouvelle théorie du déjeuner	—	6
— Physiologie de la toilette	—	10
— Traité de la Vie élégante	—	50
— Ce qui n'est pas à la mode	—	4
— L'Amour	—	6
— De la Mnémotechnie	—	4
— Des Signes particuliers appliqués à des Figures générales	—	2
— Physiologie du cigare	—	4
— Lettre à M. Charles Nodier	—	14
— Théorie de la Démarche	—	46
— Traité des excitants modernes	—	22

PHYSIONOMIES ET ESQUISSES PARISIENNES :

— Code des gens honnêtes	variété	112
— Petit Dictionnaire des enseignes de Paris	—	74
— Visites	—	14
— L'Épicier		6
— L'Oisif et le Travailleur	—	4
— Madame Toutendieu	—	4
— Études de philosophie morale sur les habitants du Jardin des Plantes	—	4
— Le Ministre	—	4
— Une Vue du grand monde	—	4
— La Reconnaissance du gamin	—	2
— La Grisette	—	4
— La Cour des Messageries royales	—	4
— Paris en 1831	—	4
— Le Dimanche	—	4
— Longchamps	—	4
— Le Provincial	—	4

		Nombre de pages.
— Le Banquier . . . . variété	. . .	4
— Le Claqueur. . . . . —		4
— L'Épicier . . . . —	. .	12
— Le Notaire. . . . . —	. .	12
— Monographie du rentier . . . . —	. .	24
— Physiologie de l'employé. . . . . —	. .	50
— Monographie de la Presse parisienne —	. .	72
— Ce qui disparaît de Paris . . . . —	. .	8
— Histoire et physiologie des boulevards de Paris . . . . —	. .	12

CROQUIS ET FANTAISIES :

— Un Homme malheureux . . . . . variété .	. .	2
— Le Charlatan . . . . —	. .	6
— De la Vie de château . . . . . . —	. .	4
— Un Entr'acte . . . . —	. .	2
— La Colique . . . . —	. .	4
— L'Opium . . . . —	. .	4
— La Tour de *la Birette* . . . . . —	. .	6
— Le Garçon de bureau . . . . . —	. .	4
— Des Caricatures . . . . —	. .	2
— Les Litanies romantiques . . . . —	. .	6
— Une Garde . . . . —	. .	4
— Si j'étais riche . . . . —	. .	6
— Entre-filets . . . . —	. .	4
— Une Vue de Touraine . . . . . —	. .	4
— La Pièce nouvelle et le Début . . —	. .	4
— Une Charge de Dragons . . . . —	. .	5
— Un Commis-voyageur de la liberté . . —	. .	4
— Un Importun . . . . —	. .	4
— Inconvénients de la presse en matière de coquetterie . . . . . . —	. .	4
— D'un Pantalon de poil de chèvre et de l'Étoile de Sirius . . . . —	. .	4
— Un déjeuner sous le Pont-Royal . . —	. .	4
— Ordre public . . . . —	. .	4
— Physiologie de l'Adjoint . . . . . —	. .	4
— Un Fait personnel . . . . —	. .	2
— Le Sous-Préfet . . . . —	. .	2
— Moralité d'une bouteille de Champagne —	. .	4
- La Fortune en 1831 . . . . . . —	. .	4
— Grand Concert vocal et instrumental —	. .	2

		Nombre de pages.
— Les six Degrés du crime et les dix Degrés de la vertu.	variété	4
— Départ d'une Diligence.	—	2
— Voilà mon homme.	—	4
— Facéties cholériques.	—	2
— Voyage de Paris à Java.	—	28
— Peines de cœur d'une chatte anglaise	—	16
— Guide-âne à l'usage des animaux qui veulent parvenir aux honneurs	—	16
— Voyage d'un Lion d'Afrique à Paris et ce qui s'ensuivit	—	16
— Les Amours de deux bêtes offertes en exemple aux jeunes gens.	—	28
— Une prédiction.	—	2

PORTRAITS ET CRITIQUE LITTÉRAIRE :

— Molière	variété	8
— La Fontaine	—	6
— Fragoletta	—	8
— Études critiques publiées dans le Feuilleton des journaux politiques	—	120
— Des Artistes.	—	14
— Voyage pour l'éternité.	—	4
— Le Bibliophile Jacob.	—	4
— Mœurs aquatiques à propos d'un dessin de Grandville.	—	2
— Des Mots à la mode.	—	8
— De la Mode en littérature.	—	8
— Gavarni.	—	6
— Des Salons littéraires et des mots élogieux.	—	
— Études critiques publiées dans la Caricature.	étude	14
— Lettre aux écrivains français du XIXᵉ siècle.	variété	20
— Brillat-Savarin.	—	8
— Le Monde comme il est	—	4
— Études critiques publiées dans la Chronique de Paris	—	32
— Lettre à propos du Curé de village.		6
— Procès de la Société des Gens de Lettres contre le Mémorial de Rouen.	—	4

DE REPRODUCTIONS

		Nombre de pages.
— Code littéraire.	variété	14
— Notes émises à Messieurs les Députés composant la commission de la loi sur la propriété littéraire.	—	28
— La Chine et les Chinois	—	34
— Lettre à M. Hippolyte Castille, rédacteur de *la Semaine*	—	10
— Préfaces et notes relatives aux premières éditions	—	208

POLÉMIQUE JUDICIAIRE :

| — Mémoire sur le procès de Peytel, notaire à Belley. . . . . | — | 46 |

ÉTUDES HISTORIQUES et POLITIQUES :

— Du droit d'ainesse.	—	14
— Histoire impartiale des Jésuites . .	—	84
— Lettres sur Paris.	—	114
— Le petit mercier.	—	4
— Une famille politique	—	4
— Saint-Simonien et Saint-Simoniste. .	—	4
— Un député d'alors.	—	4
— Opinion de mon épicier	—	2
— Une semaine de la Chambre des Députés.	—	6
— De l'indifférence en matière politique.	—	4
— Enquête sur la politique des deux ministères.	—	34
— Une séance à l'hôtel Bullon. . . .	—	4
— Croquis	—	
— Conseil des ministres.	—	
— Don Pedro II	—	2
— Manière de faire une émeute . .	—	4
— Un Conspirateur moderne . . .	—	4
— Rondo brillant et facile à l'usage des commençants en politique. . . .	—	6
— Deux rencontres en un an.	—	4
— Les grands Acrobates	—	6
— Exaltation des ministres et translation de leurs restes dans les caveaux du Panthéon.	—	6
— Détails inédits sur la nomination d'un préfet de police.	—	6

		Nombre de pages.
— Le Départ............ variété	...	6
— Une Journée du nez de M. d'Argout. —	...	4
— Religion saint-simonienne..... —	...	4
— Procès du N° 63 de *la Caricature*..	.	2
— Le Philipotin............ —		8
— Sur la Destruction projetée du monument élevé au duc de Berry... —	...	4
— Terme d'avril.......... —	...	2
La Vie d'une femme...... —	...	6
— Sur la Situation du parti royaliste. —	...	20
— La France et l'étranger :.... —	...	138
— Six Rois de France....... —	...	50
— Revue parisienne........ —	...	210
— Fragments inédits....... —	...	10
— Profession de foi politique..... —	...	3

OUVRAGE POSTHUME

LES PETITS BOURGEOIS, 2 vol..... roman.	...	661

ŒUVRES DE JEUNESSE

JEAN-LOUIS........... roman.	..	284
L'ISRAÉLITE........... —	..	344
L'HÉRITIÈRE DE BIRAGUE..... —	..	288
LE CENTENAIRE......... —	..	299
LA DERNIÈRE FÉE........ —	..	273
LE VICAIRE DES ARDENNES... —	..	360
ARGOW LE PIRATE...... —	..	320
JANE LA PALE.......... —	..	364
DOM GIGADAS.......... —	..	336
L'EXCOMMUNIÉ......... —	..	327

G. BARRILLON

UN DRAME EN AMÉRIQUE, 2 volumes :

I. Les Peaux-Rouges......... roman.	..	360
II. Les Frères de la nuit..... —	...	348

Nombre de pages.

MADAME DE BASSANVILLE

LES SECRETS D'UNE JEUNE FILLE....	nouvelle ...	12
— Le Serpent d'or	—	70
— Le Mariage interrompu.....	—	30
— Un Secret......	—	31
— Tito le Napolitain .	—	54
— Trop tard........		66
— L'Habit ne fait pas le Moine .	—	25

CH. BATAILLE ET E. RASETTI

UN DRAME AU VILLAGE, 2 volumes...	roman....	612

CHARLES BAUDELAIRE
— ŒUVRES COMPLÈTES —

LES FLEURS DU MAL.........	poésies....	403
CURIOSITÉS ESTHÉTIQUES......	variétés.	436
L'ART ROMANTIQUE..	—	440
PETITS POÈMES EN PROSE..	fantaisies.	155
— Les Paradis artificiels .	—	230
— Le Fanfarlo......	nouvelle...	46
— Le jeune Enchanteur......	conte....	37

TRADUCTIONS D'EDGARD POË

HISTOIRES EXTRAORDINAIRES :

— Edgar Poë, sa vie et ses œuvres .	étude.....	30
— Double Assassinat dans la rue Morgue	nouvelle ...	60
— La Lettre volée.........	—	32
— Le Scarabée d'or........	—	62
— Le Canard au balcon.......	—	22
— Aventure sans pareille d'un certain Hans Pfaal...........	—	78
— Manuscrit trouvé dans une bouteille	variété....	20
— Une Descente dans le Maelstrom..	—	30
— La Vérité sur le cas de M. Valdemar	nouvelle .	16
— Révélation magnétique.......	—	18
— Les Souvenirs de M. Auguste Bedloe	—	18

		Nombre de pages.
— Morella	nouvelle . . .	10
— Ligeia.	— . . .	25
— Metzengerstein.	— . . .	16
— Le Mystère de Marie Roget. . . .	— . . .	82

NOUVELLES HISTOIRES EXTRAORDINAIRES :

— Le Chat noir.	nouvelle . .	16
— William Wilson	—	34
— L'Homme des Foules.	—	16
— Le Cœur révélateur.	—	10
— Bérénice.	—	16
— La Chute de la maison Usher .	—	32
— Le Puits et le Pendule. . . .	—	28
— Hop-Frog	—	26
— La Barrique d'Amontillado. . .	—	12
— Le Masque de la Mort rouge. .	—	10
— Le roi Peste.	—	22
— Le Diable dans le beffroi. . .	—	16
— Lionnerie.	—	10
— Quatre bêtes en une.	—	14
— Petite Discussion avec une momie.	—	28
— Puissance de la parole.	—	8
— Colloque entre Monos et Una. .	—	16
— Conversation d'Eiros avec Charmion	—	10
— Ombre.	—	6
— Silence	—	6
— L'Ile de la Fée.	—	10
— Le Portrait ovale	—	6
— Le Joueur d'échecs	—	44
— Eleonora.	—	12
— Un Événement à Jérusalem . .	—	8
— L'Ange du bizarre.	—	18
— Le Système du docteur Goudron. .	—	32
— Le Domaine d'Arnheim. . . .	—	28
— Le Cottage Landor.	—	

AVENTURES D'ARTHUR GORDON PYM :

— Aventures d'Arthur Gordon Pym . .	roman . . .	295
— Extrait de la biographie d'Edgar Poë, par Rufus Griswold.	étude.	10
— Eurêka, ou essai sur l'univers matériel et spirituel	variété	78
— Philosophie de l'ameublement . . .	— . . .	12
— La Genèse d'un poème.	— . . .	28

		Nombre de pages.

MADAME DE BAWR

NOUVELLES :
- Louise.................... nouvelle ... 50
- Michel Perrin............... — ... 30
- Une Réjouissance en 1770..... — ... 48
- Rose et Thérèse............. — ... 60
- Le Schelling................ — ... 40
- Maria Rosa.................. — ... 60

RAOUL OU L'ÉNÉIDE............ roman 340

ROBERTINE.................... — ... 316

LES SOIRÉES DES JEUNES PERSONNES :
- Le Défaut d'ordre........... nouvelle ... 72
- La Romance de Nina.......... — ... 36
- Les Deux Orphelines......... — ... 53
- La Peureuse................. — ... 17
- L'Insolente................. — ... 95
- La Bonne Fée................ — ... 14

P. DE BEAUSIRE-SEYSSEL

ERISMER :
- Erismer.................... nouvelle ... 197
- Un coup de massue........... — ... 46
- Mon entrée dans le monde.... — ... 23
- Une Destinée................ — ... 29
- 300 francs de moins......... — ... 18

ROGER DE BEAUVOIR

— ŒUVRES COMPLÈTES —

AVENTURIÈRES ET COURTISANES :
- Mademoiselle Laguerre....... nouvelle . 26
- Désirée R................... — . 22
- Lolla Montès................ — . 4
- Malimond.................... — . 26
- Isabeau..................... — . 5
- Le Pavillon de Hanôvre...... — . 5
- Olivette.................... — ... 6

		Nombre de pages.
— L'Hôtel de la Guimard	nouvelle	5
— Clotilde la Danseuse	—	7
— Histoire de la mode	—	68
— De la Comédie de société	—	20
— Les Comtes de Saint-Germain	—	23
— Les Confesseurs	—	21
— Danse de corde et tragédie impériale	—	6
— Anacharsis le Dandy	—	66
— Un Trait de Grandménil	—	4
LE CABARET DES MORTS	—	91
— La Laitière de Trianon	—	143
— Un Pamphlet	—	31
— La Mal'aria	—	59
— Le Peloton de fil	—	68
LE CHEVALIER DE CHARNY	—	192
— Le Cygne	—	182
LE CHEVALIER DE SAINT-GEORGES	roman	435
L'ÉCOLIER DE CLUNY	—	268
HISTOIRES CAVALIÈRES :		
— Le Puits d'amour, chronique de 1220	nouvelle	50
— René le Tueur, conte gascon	—	56
— La Chapelle ardente	—	42
— Deux Misères	—	50
— La Femme de Cassandre	—	28
— David Dick	—	28
— Un Caprice d'été	—	56
— Une Chambre d'amie	—	34
LA LESCOMBAT	—	155
— Le Moulin d'Heilly	—	42
— David Dyck	—	30
— Les Eaux des Pyrénées	—	20
— Mademoiselle de Sens	—	28
MADEMOISELLE DE CHOISY	roman	312
LE MOULIN D'HEILLY	nouvelle	42
— La Famille d'Arlequin	—	38
— Neuf heures	—	52
— Alvise Émo	—	18
— Le Tueur de rats	—	22
— Bianca Pallini	—	10
— Les Cheveux du Marquis	—	18

		Nombre de pages.
— Les Bonheurs et les infortunes du peintre Ragotin ...	nouvelle...	44
— Henry de Lérac	— ...	83
MYSTÈRES DE L'ILE SAINT-LOUIS, 2 vol.	roman....	560
LES ŒUFS DE PAQUES	nouvelle. .	197
— La Chanson du roi......	— ...	72
LE PAUVRE DIABLE	— ...	38
— L'Infante	— ...	100
— Les Épreuves de Marat......	— ...	48
— La Marquise de Flory	— ...	18
— Les Convulsionnaires	— ...	48
— La Fiole de Cagliostro	— ...	28
— Cavacalda	— ...	38
LES SOIRÉES DU LIDO :		
— Masaccio........	— .	68
— La Bague du Marquis	— ..	66
— Léa Marini...........	— ...	88
— Les singuliers Désespoirs de Tobias.	— ...	43
LES TROIS ROHAN :		
— Marguerite de Rohan......	— ...	96
— Madame de Soubise	— .	166
— Madame de Guéménée.......	— ...	52

MADAME ROGER DE BEAUVOIR

CONFIDENCES DE MADEMOISELLE MARS.	roman....	310
SOUS LE MASQUE.............	nouvelle . .	197
— Un Coup du hasard...	— ..	58
— Thérèse de Coulanges	— ...	42
— Un Médaillon du temps passé ...	— ...	25

HENRI BÉCHADE

LA CHASSE EN ALGÉRIE.......	étude	266

MADAME BEECHER-STOWE

LA CASE DE L'ONCLE TOM, 2 vol. ...	roman	533
SOUVENIRS HEUREUX, voyage en Angleterre, en France et en Suisse ,3 vol..	voyage	910

LA PRINCESSE DE BELGIOJOSO

Nombre
de pages.

ASIE MINEURE ET SYRIE. . . . . voyage 424

MARQUIS DE BELLEVAL

LA DAME AU LOUP. . . . . roman 354
SOUVENIRS DE GUERRE . . . . souv. et récits 341

ADOLPHE BELOT

LE DRAME DE LA RUE DE LA PAIX . . . roman . . . 355

TH. BENTZON

ŒUVRES ORIGINALES

AMOUR PERDU :
  — Galatée . . . . nouvelle . . . 131
  — Jacinte . . . — . . . 128
  — Yvonne . . . — . . . 62
UN CHATIMENT . . . . roman 231
UNE CONVERSION . . . . nouvelle . . . 79
  — Exotique . . . . roman 182
  — La do. de Katel . . . . nouvelle . . . 111
GEORGETTE . . . . — . . . 307
LA GRANDE SAULIÈRE . . . . — . . . 195
  — Ma tante Herminie . . . . . . — . . . 127
LE MEURTRE DE BRUNO GALLI . . . . nouvelle . . . 144
  — Eva Brown . . . . — . . . 123
MISS JANE . . . . roman 224
  — Pierre Cervin . . . . nouvelle . . . 76
LES NOUVEAUX ROMANCIERS AMÉRICAINS études 342
L'OBSTACLE . . . . roman 279
LA PETITE PERLE . . . . — . . . 218
  — Désirée Turpin . . . . nouvelle . . . 146
UN REMORDS . . . . roman 315
LE RETOUR . . . . — . . . 343
LE ROMAN D'UN MUET . . . . nouvelle . . . 123
  — Trop tard . . . . — . . . 38
  — La Dame d'Alligny . . . . — . . . 61

		Nombre de pages.
TÊTE FOLLE	roman	322
TONY	—	357
LE VEUVAGE D'ALINE	—	350
UNE VIE MANQUÉE	—	346
LE VIOLON DE JOB	nouvelle	80
— Sous le masque	—	144
— Sang-mêlé	—	56
— Armelle	—	113
LA VOCATION DE LOUISE	—	127
— Madelette	—	134

TRADUCTIONS

DEUX PETITS SABOTS, par *Ouida*	nouvelle	147
— La Branche de lilas	—	80
— Une Feuille dans l'ouragan	—	40
— Nello et Patrasche	—	47
LITTÉRATURE ET MŒURS ÉTRANGÈRES, tome premier :		
— Les Harems d'Orient et d'Amérique	étude	58
— Les Sociétés communistes aux États-Unis	—	54
— Un Roman politique en Allemagne	—	43
— Middlemarch (*George Eliot*)	—	42
— Daniel Deronda (*George Eliot*)	—	47
— Le Voile soulevé (*George Eliot*)	nouvelle	70
LITTÉRATURE ET MŒURS ÉTRANGÈRES, tome second :		
— Humoristes américains	étude	80
— Le Roman de la vie conjugale	—	28
— La Poésie de l'avenir	étude	30
— La Vie domestique en Allemagne	—	47
— Romans italiens d'un auteur anglais	—	35
— L'Age doré en Amérique	—	46
— Le Roman de sport	—	32
MADAME DELPHINE, par G. W. Cable	nouvelle	107
— La Campanule, par Miss Thackeray	—	72
— Le chagrin de tante Marguerite, par F. E. Trolloppe	—	122
MARJORIE DAW, par *Th. Bailey-Aldrich*	—	63
— Mademoiselle Olympe Zabriski	—	24

		Nombre de pages.
— Prudence Palfrey	—	202
— Le Palmier-Dattes du père Antoine	—	14
— Tout à fait	—	27

NOUVEAUX RÉCITS CALIFORNIENS, par *Bret-Harte* :

— Épisode de la vie d'un Joueur	nouvelle	49
— La Rose de Tuolumne	—	52
— Le Fou de Five-Forks	—	40
— Wan-Li le païen	—	12
— Le Creux des Madronos . . .	—	48
— Carrie.	—	90
— Le Tambour de Noël. . . .	—	16
— Une Pastorale du Monte Flat . . .	—	40
— La Légende de Monte del Diablo . .	—	25

NOUVEAUX RÉCITS GALICIENS, par *Sacher-Masoch* :

— Sacher-Masoch, sa vie et ses œuvres	étude	41
— La Justice des paysans.	nouvelle	74
— Le Haydamak. . .	—	72
— La Hasara-Raba	—	104
— Le Mariage de Valérien Kochanski.	—	46

UN POÈTE DU GRAND MONDE, par *Hamilton Aïdé*. . . . . roman 365

RÉCITS ANDALOUS, par *Juan Valera* :

— Pepita Ximénès	nouvelle	118
— Les Illusions de don Faustino. . .	—	103

ÉCITS CALIFORNIENS, par *Bret-Harte* :

— Mliss	—	52
— La Chance du camp rugissant. .	—	22
— Le Partenaire de Tennessee . . .	—	20
— L'Idylle du Val-Rouge	—	20
— Une Nuit à Wingdam	—	14
— L'Enfant Prodigue de M. Thompson.	—	16
— Les Expulsés du Poker Flat	—	22
— Miggles	—	22
— Brown de Calaveras.	—	22
— Le Niveau des hautes eaux	—	14
— John le Chinois	—	8
— L'Iliade de Sandy Bar	—	22
— La Princesse Bob et se mis. . . .	—	24

		Nombre de pages.
— Les Ruines de San-Francisco...	nouvelle	6
— La Mission Dolorès...	—	6
— L'Œil droit du Commandant...	—	16
— Santa Claus à Simpson Bar...	—	26
— Boonder...	—	6
— D'une Fenêtre de derrière...	—	6
— Un Voyage solitaire...	—	12
— L'Homme qui ne compte pas...	—	10
— Les Maris de Madame Skaggs...	—	59

RÉCITS DE TOUS LES PAYS, tome premier :

— Le Juge de Biala (Récit de mœurs galiciennes), par *K.-E. Franzos*.	—	64
— Le Drapeau des Sept (Nouvelle zurichoise), par *Gottfrid Keller*..	—	70
— Baschinka (Scènes de la vie des Juifs polonais), par *L. Herzberg-Frankel*.	—	38
— La Commission de pudeur (Récit de mœurs allemandes du temps de l'impératrice Marie-Thérèse), par *Sacher Masoch*...	—	68
— Le Plat de noces, par *Ouida*...	—	2
— La Renommée, par *Ouida*...	—	32
— L'Histoire d'une mine, par *Bret Harte*.	—	41

RÉCITS DE TOUS LES PAYS, tome second :

— Le Tricorne, par *Pedro de Alarcon*.	—	111
— Ma Cousine Jane, par *Julia Kavanagh*	—	28
— Le Sauveteur, par *A. Wilbrandt*..	—	68
— L'Hôtesse du Corbeau, par *F.-E. Trolloppe*...	—	46
— Reb Herschel (Scènes de la vie des Juifs polonais), par *Herzberg Frankel*...	—	20
— Un Quêteur (Scènes de la vie des Juifs polonais), par *Herzberg Frankel*...	—	22
— Les Aventures d'un pionnier, par *Bret Harte*...	nouvelle	47

LA REINE DE SABA, par *Bayley Aldrich*. — 136

— Le Maître d'école du Flat-Creek, par *Edward Eggleston*...	—	95
— Le Prédicateur ambulant, par *Edward Eggleston*...	—	125

HECTOR BERLIOZ

		Nombre de pages.
A TRAVERS CHANTS	variétés	349
CORRESPONDANCE INÉDITE	lettres	355
LES GROTESQUES DE LA MUSIQUE	fantaisies	306
LETTRES INTIMES	lettres	311
MÉMOIRES, 2 volumes	mémoires	782
LES SOIRÉES DE L'ORCHESTRE	fantaisies	425

CHARLES DE BERNARD
— ŒUVRES COMPLÈTES —

LES AILES D'ICARE	roman	366
UN BEAU-PÈRE, 2 volumes	—	585
L'ÉCUEIL :		
— L'Innocence du forçat	nouvelle	70
— Le Gendre	—	100
— Une Consultation	—	18
— La Cinquantaine	—	134
— Le Paratonnerre	—	59
LE GENTILHOMME CAMPAGNARD, 2 vol.	roman	701
GERFAUT	—	410
UN HOMME SÉRIEUX	—	390
LE NŒUD GORDIEN :		
— La Femme de quarante ans	nouvelle	113
— Le Persécuteur	—	50
— Un Acte de vertu	—	76
— L'Anneau d'argent	—	88
NOUVELLES ET MÉLANGES :		
— Le Veau d'or	nouvelle	95
— La Femme gardée	—	64
— Jean Raoul, de Nîmes	étude	13
— Lord Byron	—	7
— M. de Latouche	—	38
— Paul de Musset	—	11
— George Sand	—	10
— Madame Émile de Girardin	—	15
— Madame la comtesse Merlin	—	13
— Madame Mélanie Waldor	—	8

		Nombre de pages.
LE PARATONNERRE. . . . . nouvelle . . .		86
— La Peine du talion . . . . —		73
— Les Pieds d'argile . . . . —		130
LE PARAVENT :		
— La Rose jaune. . . . . . . —		76
— L'Arbre de science. . . . . . —		78
— Le Vieillard amoureux. . . . . . —		85
— Une Aventure de magistrat. . . . . —		59
LA PEAU DU LION. . . . . —		181
— La Chasse aux amants. . . . . . —		177
POÉSIES ET THÉATRE :		
— Poésies . . . . poésies . .		147
— Une Position délicate . . . . comédie . . .		86
— Madame de Valdaunaie . . . . . —		83

JULIEN BERR DE TURIQUE

UN HOMME AIMÉ . . . . roman	307

MISS M. BETHAM EDWARDS

LA FORTUNE DE KITTY. . . . . roman	309

E. BEULÉ

AUGUSTE, SA FAMILLE ET SES AMIS . . étude historiq.	358
LE DRAME DU VÉSUVE. . . . . —	366
LE SANG DE GERMANICUS. . . . . . étude historiq.	400
TIBÈRE ET L'HÉRITAGE D'AUGUSTE. . . —	355
TITUS ET SA DYNASTIE. . . . . —	325

ARMAND BEYRA

MADEMOISELLE PROVIDENCE. . . . . . roman	291

WILLIAM BLACK

LA PRINCESSE DE THULÉ . . . . . roman . .	367

H. BLAZE DE BURY

		Nombre de pages.
ALEXANDRE DUMAS, SA VIE, SON TEMPS SON ŒUVRE............ biographie		342
LES BONSHOMMES DE CIRE........ nouvelle		70
— Le Collier d'émeraude....... —		50
— La Nixe de Grünau........ —		60
— Les Cygnes chantent en mourant... —		28
— On dit que le Prince la protège... —		44
— Sur le lac de Côme........ —		34
— Don Ottavio........... —		11
LE CHEVALIER DE CHASOT...... étude historique.		320
LES DAMES DE LA RENAISSANCE.... variétés		377
ÉCRIVAINS MODERNES DE L'ALLEMAGNE. étude.....		400
ÉPISODE DE L'HISTOIRE DU HANOVRE.. étude historique.		381
LES HOMMES DU JOUR........ variétés		319
INTERMÈDES ET POÈMES........ poésies....		370
LA LÉGENDE DE VERSAILLES...... —		230
LES MAITRESSES DE GŒTHE :		
— Émilie et Lucine.......... étude		27
— Frédérique Brion......... —		53
— Charlotte............ —		81
— Les Fantômes de Werther..... —		30
— Auguste et Lilli......... —		76
— Madame de Stein......... —		
— Christiane........... —		23
— Christiane Vulpius........ —		8
MEYERBEER ET SON TEMPS....... —		92
MUSICIENS DU PASSÉ, DU PRÉSENT ET DE L'AVENIR :		
— Le Chevalier Gluck........ —		47
— Mozart............ —		68
— Rossini............ —		46
— Weber............ —		44
— Hérold............ —		20
— F. Halévy........... —		32

		Nombre de pages.
— Verdi . . . . étude.		33
— Charles Gounod . . . . — . . .		30
— Georges Bizet . . . . — . . .		14
— Hector Berlioz . . . . — . . .		38
— Richard Wagner . . . . — . . .		55
SALONS DE VIENNE ET DE BERLIN . . . variété		311
SOUVENIRS ET RÉCITS DES CAMPAGNES D'AUTRICHE :		
— Guerre d'Italie . . . . étude historique.		141
— Venise et Vérone . . . . — —		173
— La Guerre de Hongrie . . . . — —		163

PAUL BOCAGE

LES PURITAINS DE PARIS . . . . roman . . . 1968

CAMILLE BODIN

ANAÏS . . . . roman	278
LA COUR D'ASSISES . . . . —	312
LE DAMNÉ . . . . —	288
LE MARQUIS ROGER . . . . —	279
MÉMOIRES D'UN CONFESSEUR . . . . . —	288
LE MONSTRE . . . . —	235

ALFRED DE BRÉHAT

— ŒUVRES COMPLÈTES —

L'AMOUR AU NOUVEAU MONDE . . . . roman	291
LES AMOUREUX DE VINGT ANS . . . . . —	296
LES AMOURS DU BEAU GUSTAVE . . . . —	235
LES AMOURS D'UNE NOBLE DAME . . . . —	248
L'AUBERGE DU SOLEIL D'OR . . . . . . —	278

— Série : 1° L'Auberge du Soleil d'or. — 2° Une Femme étrange. — 3° La Sorcière noire.

		Nombre de pages.
LE BAL DE L'OPÉRA	nouvelle	124
— Clara	—	68
— Suzanne Daunon	—	88
LA BELLE DUCHESSE	roman	164
— Le Half-Cast	nouvelle	97
BRAS D'ACIER	roman	343
LA CABANE DU SABOTIER	nouvelle	86
— Henri de Bergzal (Caveau de Furberg)	—	88
— Les Ravageurs de Plounéal	—	90
LES CHASSEURS D'HOMMES	roman	300
LES CHASSEURS DE TIGRES, voir les CHAUFFEURS INDIENS	—	220
— Le Fantôme	nouvelle	70
LE CHATEAU DE KERMARIA	roman	172
— Erouan Loctudy, ou le Patour-Nouvelle de Plouhannec	nouvelle	80
LE CHATEAU DE VILLEBON	roman	280
LES CHAUFFEURS INDIENS	—	294
— Série : 1° Les Chauffeurs indiens.— 2° Les Chasseurs de tigres.		
LES CHEMINS DE LA VIE	roman	315
— Série : 1° Les Chemins de la vie.— 2° Deux Amis.		
LE COUSIN AUX MILLIONS, voir LA VENGEANCE D'UN MULATRE	—	254
DEUX AMIS, voir LES CHEMINS DE LA VIE.	—	302
UN DRAME A CALCUTTA	—	269
UN DRAME A TROUVILLE	—	315
UNE FEMME ÉTRANGE, voir L'AUBERGE DU SOLEIL D'OR	—	263
HISTOIRES D'AMOUR		
— Carmen et Juanito	nouvelle	85
— La Belle Dolorès	—	98
— Le Saltéador de San-Francisco	—	59

		Nombre de pages.
L'HOTEL DU DRAGON. . . . . roman		208
— Fragment d'un voyage dans l'Inde . variété		30
— Visite chez Charles Dickens . . . . —		13
— Visite chez miss Braddon . . . . . — . . :		8
— Les Gens qui posent. . . . . —		12
LES MAITRESSES DU DIABLE :		
— Carmencita . . . . nouvelle . .		140
— La Partie de quilles . . . . — . . .		67
— Mon Gendre l'officier. . . . . . . — . . .		100
LE MARI DE MADAME CAZOT . . . . . roman		223
— La Fontaine du Pallah . . . . nouvelle . .		85
— La Pêche au bas de l'eau . . . variété. . . .		6
LES ORPHELINS DE TRÉGUEREC. . . . nouvelle . .		154
— Une Main d'enfant. . . . . — . . .		100
LE ROMAN DE DEUX JEUNES FEMMES. . roman . . .		300
— Série : 1° Le Roman de deux jeunes femmes. — 2° Le Testament de la Comtesse.		
SCÈNES DE LA VIE CONTEMPORAINE :		
— Ellen . . . . nouvelle . .		37
— La Pennère de Treleverm. . . . . — . . .		70
— Johannes Klauss. . . . . — . . .		35
— Léopold de Kernys . . . . — . .		60
— Le Secret de Frantz . . . . — . .		60
LA SORCIÈRE NOIRE, voir L'AUBERGE DU SOLEIL D'OR. . . . . roman		272
SOUVENIRS DE L'INDE ANGLAISE :		
— Calcutta . . . . variété		145
— L'Inde et les cipayes. . . . . . . — . . .		30
— La Lance d'honneur. . . . . . . — . . .		16
— Deux chasses aux Indes. . . . . . — . .		40
— La Pêche des requins . . . . — . .		8
— Fabrication des cachemires. . . . — . . .		6
— L'Habitation Koudouvley. . . . . . — . . .		58
LE TESTAMENT DE LA COMTESSE, voir LE ROMAN DE DEUX JEUNES FEMMES. . . roman		242

		Nombre de pages
LES VACANCES D'UN PROFESSEUR	nouvelle	75
— Ce qu'il y a dans un bouquet	—	88
— Les Revenants bretons	opéra-c.4 acte.	68
— Bade et les bords du Rhin	variété	28
— Madame de Montmorency	—	17
— L'Armée russe	—	20
LA VENGEANCE D'UN MULATRE	roman	236
— *Série :* 1° La Vengeance d'un mulâtre. — 2° Le Cousin aux millions.		

BRET-HARTE

TRADUCTION LOUIS DESPREAU

CROQUIS AMÉRICAINS :		
— Thankful Blossom	nouvelle	139
— Le Solliciteur de Washington	—	34
— Melon	—	20
— Une Nuit en wagon-lit	—	18
— L'Homme de Solano	—	20
— Notes d'un Homme matineux	—	18
— Mon ami le vagabond	—	26
FLIP	nouvelle	119
— Le Gentilhomme de la porte	—	32
— La Trouvaille de Blaizing-Star	—	90
— L'Homme de la plage	—	75

L. DE LA BRIÈRE

AU CERCLE	variétés.	
— L'Union	—	59
— Le Jockey-club	—	64
— Le Cercle agricole	—	11
— Le Cercle des Champs-Élysées	—	11
— L'Union artistique	—	15
— Le Cercle Saint-Simon	—	13
— Londres	—	25
— Madrid	—	21

			Nombre de pages.
— Rome.	variétés	. . .	20
— Berlin.	—	. . .	14
— Bruxelles.	—	. . .	13
— Saint-Pétersbourg	—	. . .	14
— Vienne	—	. . .	39
— Pesth	—	. . .	17
— Nice.	—	. . .	20
— Cannes.	—	. . .	9

FEU LE DUC DE BROGLIE

LE LIBRE-ÉCHANGE ET L'IMPOT	étude	428
SOUVENIRS, 1785-1870, 4 volumes		1735
VUES SUR LE GOUVERNEMENT DE LA FRANCE	—	367

DUC DE BROGLIE

— DE L'ACADÉMIE FRANÇAISE —

LA DIPLOMATIE ET LE DROIT NOUVEAU	étude	271
FRÉDÉRIC II ET MARIE-THÉRÈSE, d'après des documents nouveaux, 1740-1742	étude hist.	706
QUESTIONS DE RELIGION ET D'HISTOIRE. 2 volumes	étude	843
LE SECRET DU ROI, 2 volumes	étude hist.	1076

RHODA BROUGHTON

ADIEU, LES AMOUREUX!	roman	370
BELINDA	—	381
FOLLEMENT ET PASSIONNÉMENT	—	390
FRAICHE COMME UNE ROSE	—	400
JOANNA	—	399
LE ROMAN DE GILLIANE	—	330

FERDINAND BRUNETIÈRE

		Nombre de pages.
HISTOIRE ET LITTÉRATURE, tome premier :		
— Madame de La Vallière	variétés	31
— Théorie du lieu commun	—	24
— Les chansons historiques du XVIII⁰ siècle	—	24
— Lieu commun sur l'invention	—	24
— L'enseignement primaire avant 1789	—	26
— La critique d'art au XVII⁰ siècle	—	28
— L'impératrice Marie-Thérèse et M⁰⁰ de Pompadour	—	26
— La casuistique dans le roman	—	24
— Les philosophes et la révolution française	—	36
— Le personnage sympathique dans la littérature	—	22
— Le paysan sous l'ancien régime	—	54
— Le mal du siècle	—	24
— Un manuel allemand de géographie	—	24
— La déformation de la langue par l'argot	—	24
HISTOIRE ET LITTÉRATURE, tome second :		
— La tragédie de Racine	variétés	24
— Une figure de conventionnel	—	26
— Les commencements d'un grand poète	—	22
— Trois moliéristes	—	28
— Le manifeste de Brunswick	—	26
— Flaubert et George Sand	—	42
— Fénelon à Cambrai	—	26
— Une histoire de l'émigration	—	32
— Les Parnassiens	—	28
— La question de *Gil Blas*	—	36
— Rivarol	—	28
— Les Romans de Pierre Loti	—	26
— Une apologie de la casuistique	—	28
— Le génie dans l'art	—	20
— Les petits naturalistes	—	22
LE ROMAN NATURALISTE	étude litt.	370

E.-L. BULWER

LA FAMILLE CAXTON, 2 vol.	roman	602
LE JOUR ET LA NUIT, 2 vol.	—	603

FRANCIS BURNETT

TRADUCTION DE MADEMOISELLE DU PARQUET

		Nombre de pages.
UNE NIÈCE D'AMÉRIQUE :		
— Une Nièce d'Amérique, par *Francis Burnett*.	nouvelle	257
— Le Flacon, par ***.	—	36
— Mon pauvre Robert, par *Rhoda Broughton*	—	50
— Aurore, par *Cary O'Brien*	—	41
— Défiguré ! par *Cary O'Brien*	—	22

G. W. CABLE

MADAME DELPHINE	nouvelle	10

ÉDOUARD CADOL

DEUX ET DEUX FONT QUATRE	nouvelle	14
LES VIRTUOSES DU PAVÉ DE PARIS	—	12
UNE VISITE A NOHANT	variétés	15
LES INUTILES	roman	239
— La Montre	nouvelle	75
— Le Chien du douanier	—	16
— Les Médiocrités vieillies	—	13
LA PRIMA DONNA	—	141
— Le Père Raymond	—	160
LA PRINCESSE ALDÉE	—	95
— Marianne	—	110
— Georges Pairier	—	101

PAUL CAILLARD

CHASSES EN FRANCE ET EN ANGLETERRE :		
— Confidences d'un solitaire	nouvelle	20
— Le Lièvre de la mère Ciseau	—	6
— Les Mémoires d'un chien volé	—	14

		Nombre de pages.
— L'Histoire d'un perdreau racontée par un merle	nouvelle	26
— Hallali d'un renard en wagon de 1re classe	—	2
— Tom Forester et ses deux chiens	—	6
— Quelques jours au cottage de lord H***	—	38
— Une Chasse aux chats-tigres	—	6
— Quelques détails sur la construction de Chambord	—	8
— Mémoires d'Agriculturist, cheval de chasse, transmis par son compagnon d'écurie Punch, bull-terrier	—	50
— Les Chasses en Bretagne	—	10
— Gendarme, le chien voleur	—	12
— Souvenirs de l'équateur (chasse aux oiseaux-mouches dans le nouveau monde)	—	32
— Le match de madame Payne	—	4
— Une Battue de singes	—	6
— Chantome le braconnier	—	20
— De la nécessité d'avoir un bon cheval de chasse quand on est récemment marié	—	6
— Un sport en baquet	—	
— Le Curé de T... et sa meute	—	4
— Les Chasses de cerfs et les deerhounds en Écosse	—	30
— Une Histoire du gaillard d'avant	—	12
— La Pie de maître André (épisode historique de la chouannerie)	—	13

ROBERT CALMON

TROIS SEMAINES A MOSCOU. Mai-Juin 1883. variétés ... 150

PRINCESSE O. CANTACUZÈNE ALTIERI

UNE EXALTÉE	roman	253
FLEUR DE NEIGE	—	298

		Nombre de pages.
IRÈNE. . . . . roman.		319
LE MENSONGE DE SABINE. . . . . . . —		307
POVERINA. . . . . —		312

ÉMILIE CARLEN

TRADUCTION DE MADEMOISELLE SOUVESTRE

DEUX JEUNES FEMMES OU UN AN DE MARIAGE. . . . . roman		274

CARLE DES PERRIÈRES

PARIS QUI JOUE ET PARIS QUI TRICHE. variétés . . .		326

MADAME E. CARO

FLAMEN. . . . . roman		256
HISTOIRE DE SOUCI. . . . . —		255
NOUVELLES AMOURS D'HERMAN ET DO- ROTHÉE, épisode de la guerre de 1870. —		186
— Propos d'un franc-tireur, épisode du siège de Paris. . . . . —		61
LE PÉCHÉ DE MADELEINE. . . . . . . —		230

ÉMILE CARREY

L'AMAZONE :		
— Huit jours sous l'équateur. . . . . voyage. . . .		252
— Les Métis de la Savane. . . . . . — . . .		327
— Les Révoltés du Para. . . . . . . — . . .		337
RÉCITS DE KABYLIE. . . . . récits milit. .		324

CARY O'BRIEN

 | |Nombre de pages.
---|---|---
AURORE | nouvelle | 41
DÉFIGURÉ ! | — | 22

COMTESSE CASTELLANA ACQUAVIVA

LE MARIAGE DE LADY CONSTANCE	roman	317
— Le Rêve de Gabrielle	nouvelle	115

COMTE DE CASTELLANE

MADGY, souvenirs de l'armée anglaise en Crimée	roman	340
SOUVENIRS DE LA VIE MILITAIRE EN AFRIQUE	récits milit.	487

CÉLESTE DE CHABRILLAN

UN AMOUR TERRIBLE	roman	331
UN DEUIL AU BOUT DU MONDE, voir MÉMOIRES DE CÉLESTE MOGADOR	mémoires	254
LES DEUX SŒURS	roman	304
UN DRAME SUR LE TAGE	roman	304
LA DUCHESSE DE MERS	—	287
EST-IL FOU ?	—	271
LES FORÇATS DE L'AMOUR	—	279
MARIE BAUDE	—	320
UNE MÉCHANTE FEMME	roman	280
MÉMOIRES DE CÉLESTE MOGADOR, 2 vol.	mémoires	597

Série : 1° MÉMOIRES DE CÉLESTE MOGADOR. — 2° UN DEUIL AU BOUT DU MONDE.

		Nombre de pages.
LES VOLEURS D'OR............ roman		310

PAUL DU CHAILLU

L'AFRIQUE ÉQUATORIALE, ouvr. illustré.	voyages. . . .	520
L'AFRIQUE OCCIDENTALE, —	— ...	306
L'AFRIQUE SAUVAGE, —	— ...	406
LE PAYS DU SOLEIL DE MINUIT, ouvrage illustré.............	voyage. . . .	496
UN HIVER EN LAPONIE, ouvrage illustré.	—	512

CHARLEY

MES NUITS BLANCHES :		
— Les barres fixes..........	nouvelle . . .	110
— Le regard de plomb........	— ..	52
— La strada del pozzo	— ...	64
— Le glas.............	— ...	22
— La bombe.............	— ...	57

GABRIEL CHARMES

L'AVENIR DE LA TURQUIE......	étude polit. .	317
LA RÉFORME DE LA MARINE......	— ...	313
LES STATIONS D'HIVER DE LA MÉDITERRANÉE................	voyage. . . .	313
LA TUNISIE ET LA TRIPOLITAINE. . .	voyages . . .	443
VOYAGE EN PALESTINE	— ...	327

PHILARÈTE CHASLES

SOUVENIRS D'UN MÉDECIN :		
— Le vieux Médecin.........	roman	287
— Le jeune Médecin.........	—	290
— Le Médecin des pauvres......	—	250

ÉMILE CHEVALIER

Nombre de pages.

LA CAPITAINE	roman	288
LE CHASSEUR NOIR	—	250
LES DERNIERS IROQUOIS	—	306
LA FILLE DES INDIENS ROUGES	—	216
LA FILLE DU PIRATE	—	290
LE GIBET	—	306
LA HURONNE	—	356
L'ÎLE DE SABLE	—	304
LES NEZ-PERCÉS	—	317
PEAUX-ROUGES ET PEAUX-BLANCHES	—	307
LES PIEDS-NOIRS	—	326
POIGNET D'ACIER	—	276
LA TÊTE-PLATE	—	320

Mme LOUISE COLET

LUI	roman	409
QUARANTE-CINQ LETTRES DE BÉRANGER	lettres	92

HENRI CONSCIENCE

— ŒUVRES COMPLÈTES —

UNE AFFAIRE EMBROUILLÉE	roman	200
— Une dette de cœur	nouvelle	82
L'ANNÉE DES MERVEILLES	roman	240
— L'Ongle crochu	nouvelle	43
ARGENT ET NOBLESSE	roman	344

		Nombre de pages.
AURÉLIEN, 2 volumes.	—	627
L'AVARE.	—	232
BATAVIA.	—	304
LE BOURGMESTRE DE LIÈGE ;	—	264
— *Série* ; 1° Le Bourgmestre de Liège. — 2° Le Guet-Apens.		
LES BOURGEOIS DE DARLINGEN. . . .	—	291
LE CANTONNIER	—	156
— La Folie d'une mère.	nouvelle . . .	132
LE CHEMIN DE LA FORTUNE, *voir* LE PAYS DE L'OR.	roman	273
LE CONSCRIT.	—	228
LE COUREUR DES GRÈVES	—	294
LE DÉMON DE L'ARGENT.	—	324
LE DÉMON DU JEU.	—	308
LES DRAMES FLAMANDS :		
— L'Assassin.	nouvelle . . .	27
— La Vengeance Divine.	—	60
— Le Berger incendiaire.	—	50
— L'Expiation.	—	14
— La Vierge de Flandre.	—	22
— La Mission de la femme.	—	74
— Une Invention du Diable	—	81
LA FIANCÉE DU MAITRE D'ÉCOLE, *voir* MAITRE VALENTIN.	roman	236
LE FLÉAU DU VILLAGE.	—	148
— Le Bonheur d'être riche	nouvelle . . .	130
LE GANT PERDU.	roman	265
— *Série:* 1° Le Gant perdu. — 2° La Jeune Femme pâle. — 3° L'Oncle et la Nièce. — 4° Un sacrifice.		

		Nombre de pages.
LE GENTILHOMME PAUVRE........	—	293
LA GUERRE DES PAYSANS........	—	357
LE GUET-APENS, *voir* LE BOURGMESTRE DE LIÈGE...............	—	240
HEURES DU SOIR :		
— Histoire du comte Hugo et de son ami Abulfaragus..........	nouvelle	157
— Rikke-Tikke-Tak............	—	78
— Le Maître d'école...........	—	16
— Le Revenant..............	—	11
HISTOIRE DE DEUX ENFANTS D'OUVRIERS	roman	284
L'ILLUSION D'UNE MÈRE.........	—	327
LE JEUNE DOCTEUR...........	—	281
LA JEUNE FEMME PALE, *voir* LE GANT PERDU................	—	243
LE LION DE FLANDRE, 2 volumes....	—	594
LA MAISON BLEUE............	—	242
MAITRE VALENTIN............	—	243
— *Série :* 1° Maître Valentin. — 2° La Fiancée du Maître d'école.		
MAL DU SIÈCLE.............	—	292
MARCHAND D'ANVERS.........	—	324
MARTYRE D'UNE MÈRE.........	—	303
— *Série :* 1° Le Martyre d'une mère.— 2° La Voleuse d'enfant.		
LES MARTYRS DE L'HONNEUR.....	—	270
— L'Idéal du poète...........	opéra 4 actes.	34
LA MÈRE JOB..............	roman	161
— La Grâce de Dieu...........	nouvelle	64
— La Grand'mère............	—	18
L'ONCLE JEAN.............	roman	353
— *Série :* 1° L'Oncle Jean. — 2° Le Trésor de Félix Roobeck.		

		Nombre de pages.
L'ONCLE ET LA NIÈCE, *voir* LE GANT PERDU	—	210
L'ONCLE REIMOND	—	280
L'ORPHELINE.	nouvelle . . .	111
— La Fille de l'épicier	—	62
— Quintin Metzys	—	18
— L'Amateur de Dahlias	—	26
— La Nouvelle Niobé.	—	24
— Science et Foi.	—	6
LE PARADIS DES FOUS :		
— Le Paradis des fous.	nouvelle . . .	93
— Une idée de fermier.	—	41
— Une Fille bien élevée.	—	25
— L'Œuf miraculeux.	—	51
LE PAYS DE L'OR	roman	208
— *Série :* 1° Le Pays de l'or. — 2° Le Chemin de la fortune.		
LA PRÉFÉRÉE	—	174
— Une Voix d'outre-tombe.	nouvelle . . .	100
LE REMPLAÇANT.	roman	166
— La Famille du marin	nouvelle . . .	100
UN SACRIFICE, *voir* LE GANT PERDU . . .	roman	237
LE SANG HUMAIN	—	268
SCÈNES DE LA VIE FLAMANDE, tome 1 :		
— Ce que peut souffrir une mère. . .	nouvelle . . .	25
— Le Gentilhomme pauvre.	roman	203
— Le Conscrit	—	228
SCÈNES DE LA VIE FLAMANDE, tome second :		
— Rosa l'aveugle.	nouvelle . . .	43
— L'Avare.	roman	262
— L'Aubergiste de village ou Baes Gansendonck	nouvelle . . .	132
LES SERFS DE FLANDRE	roman	242
— Le Gouteux	nouvelle . . .	73
LA SORCIÈRE FLAMANDE.	roman	246

		Nombre de pages.
LE SORTILÈGE................	—	288
SOUVENIRS DE JEUNESSE........	autobiographie.	105
— Le Pèlerin du désert.......	nouvelle...	62
LE SUPPLICE D'UN PÈRE.........	roman....	129
LA TOMBE DE FER.............	—	304
LE TRÉSOR DE FÉLIX ROOBECK, voir L'ONCLE JEAN................	—	350
LE TRIBUN DE GAND, 2 volumes....	—	572
LES VEILLÉES FLAMANDES:		
— Comment on devient peintre....	nouvelle...	57
— La Male main.............	— ...	20
— Ange et démon............	— ...	22
— Une Erreur judiciaire........	— ...	146
— Le Fils du Bourreau.........	— ...	32
LA VOLEUSE D'ENFANT, voir LE MARTYRE D'UNE MÈRE.................	roman....	267

ATHANASE COQUEREL

LES FORÇATS POUR LA FOI......	étude histor..	76

MARQUISE DE CRÉQUY

SOUVENIRS (1710-1803)...........	mémoires...	2138

COMTESSE DASH

— ŒUVRES COMPLÈTES —

UN AMOUR COUPABLE..........	roman....	317
LES AMOURS DE LA BELLE AURORE, 2 volumes.................	—	652
— Série : 1° Amours de la Belle Aurore. — 2° Les Suites d'une faute.		
L'ARBRE DE LA VIERGE.........	—	236

		Nombre de pages.
LES AVENTURES D'UNE JEUNE MARIÉE. roman		313

— *Série* : 1° Les Aventures d'une jeune mariée. — 2° La Fée aux perles.

LES BALS MASQUÉS :		
— Un Spectre.	nouvelle	47
— Madame la duchesse.	—	46
— Une Saison à Baden	—	94
— Le double Masque.	—	42
— Vingt-quatre heures d'infidélité	—	36
— Erreur	—	36
— Un Pastel	—	45
LE BEAU VOLEUR.	roman	306
LA BELLE PARISIENNE.	nouvelle	155
— Trois Rencontres	—	26
— Une Cour en miniature	—	68
— Souvenirs.	—	14
LA BOHÈME DU XVIIe SIÈCLE, *voir* MADEMOISELLE CINQUANTE MILLIONS	roman	309
BOHÈME ET NOBLESSE	—	280

— *Série* : 1° Bohème et Noblesse. — 2° Les Héritiers d'un prince.

LA CEINTURE DE VÉNUS.	—	300

— *Série* : 1° La Ceinture de Vénus. — 2° Un Fils naturel. — 3° Les Malheurs d'une Reine.

LA CHAINE D'OR :		
— Henriette de Namples	nouvelle	32
— La Mule couleur de rose.	—	37
— Une Femme laide	—	29
— Toute la vie pour un jour.	—	15
— Quinze jours de royauté.	—	40
— Un Ange	—	37
— Le Mari de ma sœur.	proverbe 1 a.	20
— Le Dernier jour de l'année.	nouvelle	7
— Le Chevalier de Malte	—	60
— André.	—	13
— Georges Minsky.	—	20
LA CHAMBRE BLEUE.	roman	218
— Premières amours du Grand Condé.	nouvelle	66

		Nombre de pages.
LA CHAMBRE ROUGE. . . . . roman		324
— *Série* : 1° La Chambre rouge. — 2° la Nuit de noces.		
LE CHATEAU DE LA ROCHE SANGLANTE.	— . . .	285
LES CHATEAUX EN AFRIQUE.	— . . .	317
LES COMÉDIES DES GENS DU MONDE :		
— La Mouche.	proverbe 2 ac.	73
— Pour le roi de Prusse	— —	67
— Monseigneur.	3 actes.	60
— Deux Jalousies.	2 actes.	59
— L'une ou l'autre.	— 1 acte .	27
— Le Mari de ma sœur.	— —	20
COMMENT ON FAIT SON CHEMIN DANS LE MONDE.	Code du savoir vivre	288
COMMENT TOMBENT LES FEMMES . . .	roman	365
UN COSTUME DE BAL.	— . . .	274
LA DAME DU CHATEAU MURÉ	— . . .	311
LA DERNIÈRE EXPIATION, 2 volumes. .	— . . .	590
LA DETTE DE SANG	—	290
— *Série* : 1° La Dette de sang.— 2° Le Souper des fantômes.		
LE DRAME DE LA RUE DU SENTIER. . .	— . . .	286
— *Série :* 1° Le Drame de la rue du Sentier. — 2° La Route du suicide.		
LA DUCHESSE D'ÉPONNES	— . . .	275
LA DUCHESSE DE LAUZUN, 3 volumes .	— . . .	914
LA FÉE AUX PERLES, *voir les* AVENTURES D'UNE JEUNE MARIÉE.	— . . .	274
LA FEMME DE L'AVEUGLE	—	310
UNE FEMME ENTRE DEUX CRIMES . . .	nouvelle . . .	115
— Marthe et Madeleine.	— . . .	177
LES FEMMES A PARIS ET EN PROVINCE.	variétés . . .	324
LE FILS DU FAUSSAIRE, *voir* UN SECRET DE FAMILLE.	roman	300

		Nombre de pages
UN FILS NATUREL, voir la CEINTURE DE VÉNUS . . . . roman		293
LES FOLIES DU CŒUR :		
— Mademoiselle d'Épernon . . . . . . nouvelle . . .		53
— Où le vent nous mène. . . . . . . — . . .		48
— Le Sacrilège. . . . . — . . .		74
— La Polonaise. . . . . — . . .		40
— Sara. . . . . — . . .		54
LE FRUIT DÉFENDU :		
— La Confidence maternelle . . . . . nouvelle . . .		19
— Le Vieillard . . . . — . . .		10
— Le Panier de cerises. . . . . — . . .		14
— Un Mariage . . . . — . . .		5
— La Chaumière du pasteur . . . . . — . . .		14
— La Tour de Mélusine . . . . — . . .		14
— Un Amour de garnison. . . . . . . — . . .		23
— Ébauche. . . . . — . . .		8
— Le Page. . . . . — . . .		13
— La Roche aux Fées . . . . — . . .		40
— Marguerite. . . . . — . . .		35
— Fragments des mémoires d'une femme du monde. . . . . — . . .		41
— La Margrave. . . . . — . . .		44
— Isabelle. . . . . — . . .		18
— Deux lettres. . . . . — . . .		13
— Le Store . . . . — . . .		14
LES GALANTERIES DE LA COUR DE LOUIS XV :		
— 1° LA RÉGENCE . . . . roman		356
— 2° LA JEUNESSE DE LOUIS XV. . . — . . .		272
— 3° LES MAITRESSES DU ROI. . . . — . . .		340
— 4° LE PARC AUX CERFS. . . . . . — . . .		283
LES HÉRITIERS D'UN PRINCE, voir BOHÈME ET NOBLESSE . . . . — . . .		236
— Fragments des mémoires d'une femme du monde. . . . . nouvelle . . .		45
LE JEU DE LA REINE. . . . . roman		314
LA JEUNESSE DE LOUIS XV, voir LES GALANTERIES DE LA COUR DE LOUIS XV. .		

CATALOGUE SPÉCIAL

		Nombre de pages.
LA JOLIE BOHÉMIENNE.	roman . . .	323
LES LIONS DE PARIS.	— . . .	300
LE LIVRE DES FEMMES.	variété. . . .	274
MADAME DE LA SABLIÈRE	roman	273
MADAME LOUISE DE FRANCE	— . . .	242
MADEMOISELLE CINQUANTE MILLIONS. .	— . . .	308
— *Série :* 1° Mademoiselle Cinquante Millions.—2° La Bohème du xvıı^e siècle.		
MADEMOISELLE DE LA TOUR DU PIN. .	— . . .	306
LA MAIN GAUCHE ET LA MAIN DROITE :		
— Mémoires d'une femme du monde .	nouvelle . . .	217
— Piccolino	— . . .	22
— Souvenir d'un cinquième étage. . .	— . . .	28
— Une Promenade à Randan	— . . .	30
LES MAITRESSES DU ROI, *voir* LES GALANTERIES DE LA COUR DE LOUIS XV. . .		
LES MALHEURS D'UNE REINE, *voir* LA CEINTURE DE VÉNUS	roman	341
LA MARQUISE DE PARABÈRE.	— . . .	245
— Un Préjugé	nouvelle . . .	55
LA MARQUISE SANGLANTE	roman	292
LE NEUF DE PIQUE, *voir* LES SECRETS D'UNE SORCIÈRE	— . . .	306
LA NUIT DE NOCES, *voir* la CHAMBRE ROUGE.	— . . .	263
— Souvenirs de jeunesse	nouvelle . . .	25
LE PARC AUX CERFS, *voir* LES GALANTERIES DE LA COUR DE LOUIS XV.		
LA POUDRE ET LA NEIGE.	roman	317
LA PRINCESSE DE CONTI.	—	305
UN PROCÈS CRIMINEL.	— . . .	263
— Adrien le Savoyard	nouvelle . . .	20
LA RÉGENCE, *voir* LES GALANTERIES DE LA COUR DE LOUIS XV.		

		Nombre de pages.
UNE RIVALE DE LA POMPADOUR. . . .	roman	237
— Un Poète	nouvelle . . .	63
LE ROMAN D'UNE HÉRITIÈRE.	roman	253
Une Histoire de petit chien.	nouvelle . . .	30
LA ROUTE DU SUICIDE, voir LE DRAME DE LA RUE DU SENTIER	roman	309
LE SALON DU DIABLE.	—	210
— La Partie de Billard	nouvelle . . .	108
UN SECRET DE FAMILLE	roman	303
— Série : 1° Un Secret de famille. — 2° Le Fils du faussaire.		
LES SECRETS D'UNE SORCIÈRE, 2 vol. .	—	615
— Série : 1° Les Secrets d'une Sorcière. — 2° Le Neuf de pique.		
LA SORCIÈRE DU ROI, 2 volumes. . . .	—	648
LES SOUPERS DE LA RÉGENCE, 2 vol. .	—	553
LE SOUPER DES FANTOMES, voir LA DETTE DE SANG	roman	255
— Un Repli du Cœur.	nouvelle . . .	20
LES SUITES D'UNE FAUTE, voir LES AMOURS DE LA BELLE AURORE.	roman	273
TROIS AMOURS.	roman	246
LES VACANCES D'UNE PARISIENNE . . .	causeries . . .	268
LA VIE CHASTE ET LA VIE IMPURE :		
— La Charmeuse d'oiseaux.	nouvelle . . .	89
— Salomé	— . . .	94
— Histoire d'un nid d'oiseaux. . . .	— . . .	10
— Histoire d'une jeune fille et d'un petit chien.	— . . .	26
— Un Ermitage.	— . . .	30
— Un Roman de ce temps-ci.	— . . .	16
— Deux heures de Royauté.	— . . .	26
— Le Roman d'une chanson et d'un bouquet.	— . . .	9

GÉNÉRAL DAUMAS

Nombre de pages.

LES CHEVAUX DU SAHARA ET LES MŒURS DU DÉSERT	étude	527
LE GRAND DÉSERT	—	586
LA VIE ARABE ET LA SOCIÉTÉ MUSULMANE	—	344

ERNEST DAVID

LA VIE ET LES ŒUVRES DE J.-S. BACH	étude music.	380
G.-F. HAENDEL, sa vie et son temps	—	371

E.-J. DELÉCLUZE

DONA OLYMPIA	roman	356
MADEMOISELLE JUSTINE DE LIRON :		
— De la lecture des romans	étude	31
— Justine de Liron	nouvelle	179
— Les deux prisonniers de Windsor. — I. Charles d'Orléans. — II. Jacques Ier d'Écosse	étud. his.	109
LA PREMIÈRE COMMUNION :		
— La première Communion	nouvelle	175
— Le Mécanicien-roi	—	35
— Flavie	—	59
— Syligaitha	—	30

EUGÈNE DELIGNY

LE BATARD LÉGITIME	roman	413
LES CABOTINS	—	486
— Série : 1° Les Cabotins. — 2° Une Famille d'Arlequins.		
UNE FAMILLE D'ARLEQUINS, voir LES CABOTINS	—	489
LA GRANDE DAME ET LA NORMANDE	—	420
L'HÉRITAGE D'UN BANQUIER	—	496
MÉMOIRES D'UN DISSIPATEUR	—	424
LE TALISMAN	—	382

ÉDOUARD DELPIT

		Nombre de pages.
LES FILS DU SIÈCLE	roman	330
LES REPRÉSAILLES DE LA VIE	—	355
LA REVANCHE DE L'ENFANT	—	281
LES SOUFFRANCES D'UNE MÈRE	—	330
LES THÉORIES DE TAVERNELLE	—	350

EMMANUEL DENOY

MERCEDÈS PÉPIN	roman	388
PAR LES FEMMES	—	405

LOUIS DESPRÉAUX
TRADUCTEUR.

CHEZ LES YANKEES, études sur nature :
— Le colonel . . . . nouvelle . . . 177
— Ma belle-mère . . . . — . . . 138

CHARLES DICKENS

CONTES DE NOEL :
— L'Arbre de Noël . . . . nouvelle . . . 22
— Les Apparitions de Noël . . . . . — . . . 34
— Le Cricri du Foyer . . . . — . . . 13
— Le Tocsin . . . . — . . . 125

CONTES D'UN INCONNU :
— Le Bagage du Conteur . . . . . . — . . . 14
— Le Parapluie . . . . — . . . 25
— Une Assurance sur la Vie . . . . — . . . 52
— Les Carillons . . . . — . . . 172

CONTES POUR LE JOUR DES ROIS :
— Le Marchand forain . . . . — . . . 59
— La Petite Bebelle, ou M. l'Anglais . — . . . 46
— La Dame de charité . . . . — . . . 24

		Nombre de pages
— La Guinée de la Boîteuse	—	54
— Le Parapluie de M. Thompson	—	38
— La Fortune de l'Écolier	—	73
— Aventures d'un Tambour en Amérique	—	41
HISTORIETTES ET RÉCITS DU FOYER :		
— Souvenirs de voyage	—	69
— Souvenirs d'un Enfant perdu. — Wittington et son Chat	—	42
— Petit Bonhomme vit encore, ou Cent cinquante ans de l'Histoire d'Angleterre	—	24
— La vieille armoire de chêne, épisode de l'histoire de mon oncle	—	26
— La Fortune du Nain, épisode de l'histoire d'une Maison à louer	—	28
— Le Secret du Pendule	—	48
— Le Cœur du Marchand	—	18
— Les Sanpiétrini	—	23
MAISON A LOUER	roman	270
— Le Voile noir	nouvelle	27
LE NEVEU DE MA TANTE (David Copperfield), 2 volumes	roman	700

LE PÈRE DIDON

LES ALLEMANDS	études	423

X. DOUDAN

LETTRES, 4 volumes	variétés	1523
PENSÉES ET FRAGMENTS :		
— Littérature. — Idées générales sur la littérature	—	51
— Philosophie, morale, religion	—	40
— Pensées diverses	—	18
— Walter Scott	—	40
— Madame Necker de Saussure	—	36
— Cours de littérature de M. Villemain	—	36
— Des révolutions du goût	—	102

ERNEST DUBREUIL

Nombre de pages.

OLIVIER LE BATARD . . . . rom. de cape et d'épée   614

EL. DUFOUR

LES GRIMPEURS DES ALPES, ... Excur. alpest.   345

ALEXANDRE DUMAS

— ŒUVRES COMPLÈTES —

ROMANS, NOUVELLES ET CAUSERIES [1]

ACTÉ.	roman	266
AMAURY.	—	283
ANGE PITOU, voir MÉMOIRES D'UN MÉDECIN		
ASCANIO, 2 volumes.	—	641
UNE AVENTURE D'AMOUR	—	191
Herminie (l'Amazone)	nouvelle . . .	83
AVENTURES DE JOHN DAVYS, 2 volumes	roman	636
LE BATARD DE MAULÉON, 3 volumes .	—	805
BLACK.	—	316
LES BLANCS ET LES BLEUS, 3 volumes.	—	881
LA BOUILLIE DE LA COMTESSE BERTHE.	nouvelle . . .	92
— Aventures de Lyderic	—	145
LA BOULE DE NEIGE (Moullah-Nour). . .	roman	258
— Le Chasse-Neige.	nouvelle . . .	32
BRIC-A-BRAC:		
— Deux Infanticides	nouvelle . . .	27
— Poètes, Peintres et Musiciens . . .	variété	8

1. Vu le grand nombre des œuvres d'ALEXANDRE DUMAS, nous les avons divisées, — pour faciliter les recherches — 1° en *Romans, nouvelles et causeries*; 2° en *Scènes et études historiques*; et 3° en *Voyages*.

CATALOGUE SPÉCIAL

		Nombre de pages
— Désir et Possession	apologue	8
— Une Mère, *imité d'*ANDERSEN	conte	16
— Le Curé de Boulogne	nouvelle	34
— Un Fait personnel	variété	22
— Comment j'ai fait jouer à Marseille le drame des *Forestiers*	—	42
— Heures de Prison, à propos du livre de MADAME LAFARGE	—	64
— Jacques Fosse	—	28
— Le Château de Pierrefonds	—	38
— Le Lotus blanc et la Rose Mousseuse	—	10
UN CADET DE FAMILLE, 3 volumes	roman	800
— Un Courtisan	nouvelle	56
LE CAPITAINE PAMPHILE	roman	273
— Le Fléau de Naples	nouvelle	22
LE CAPITAINE PAUL	roman	223
LE CAPITAINE RHINO	—	128
— Le Lion père de famille	nouvelle	48
— Une chasse au Tigre	—	44
LE CAPITAINE RICHARD	roman	306
CATHERINE BLUM	—	269
CAUSERIES, tome premier:		
— Les Trois Dames (la Dame aux camélias, Diane de Lys, la baronne d'Ange)	variété	46
— Les Rois du lundi (Sainte-Beuve, Janin, Gautier)	—	18
— Une Chasse aux Éléphants	nouvelle	64
— L'Homme d'expérience	variété	4
— Les Étoiles commis-voyageurs	nouvelle	36
— Un Plan d'économie, *à propos des théâtres subventionnés*	variété	10
— La Figurine de César	nouvelle	58
— Une Fabrique de vases étrusques à Bourg en Bresse	variété	20
— État Civil du comte de Monte-Cristo	—	16
CAUSERIES, tome second:		
— Ah! qu'on est fier d'être Français!	variété	31
— A ceux qui veulent entrer au théâtre	—	10

DE REPRODUCTIONS

		Nombre de pages.
— Petits cadeaux de mon ami Delaporte	nouvelle	30
— Un Voyage dans la lune	—	36
— Ce qu'on voit chez madame Tussaud	variété	34
— Le Lion de l'Aurès	nouvelle	46
— Les Courses d'Epsom	variété	68
— Une visite à Garibaldi	—	31
CÉCILE (la Robe de Noces)	roman	281
LE CHASSEUR DE SAUVAGINE	—	285
LE CHATEAU D'EPPSTEIN (Albine), 2 vol.	—	504
LE CHEVALIER D'HARMENTAL, 2 vol.	—	615
— *Série:* 1° Le Chevalier d'Harmental. — 2° Une Fille du Régent.		
LE CHEVALIER DE MAISON-ROUGE, 2 vol.	—	606
LE COLLIER DE LA REINE, *voir* MÉMOIRES D'UN MÉDECIN.		
LA COLOMBE	—	136
— Maître Adam le Calabrais	—	167
LES COMPAGNONS DE JÉHU, 3 volumes.	—	820
LE COMTE DE MONTE-CRISTO, 6 vol.	—	2118
LA COMTESSE DE CHARNY, *voir* MÉMOIRES D'UN MÉDECIN.		
LA COMTESSE DE SALISBURY, 2 vol.	—	567
LES CONFESSIONS DE LA MARQUISE, (Mémoires de Madame du Deffand), *voir les* MÉMOIRES D'UNE AVEUGLE; 2 volumes.	—	529
CONSCIENCE L'INNOCENT (Dieu et Diable).		
— Le Bien et le Mal, 2 volumes	roman	485
— Marianna	nouvelle	47
LA DAME DE MONSOREAU, *voir* LA REINE MARGOT, 3 volumes	roman	898
LA DAME DE VOLUPTÉ (La Comtesse de Verrue), 2 volumes	—	616
— *Série* 1° La Dame de Volupté. — 2° Les deux Reines.		

		Nombre de pages.
LES DEUX DIANE, 3 volumes	roman	853
— *Série* : 1° Les deux Diane. — 2° Le page du duc de Savoie.		
LES DEUX REINES, *voir* LA DAME DE VOLUPTÉ, 2 volumes	—	606
DIEU DISPOSE, *voir* LE TROU DE L'ENFER, 2 volumes	—	736
LE DOCTEUR MYSTÉRIEUX. (Création et rédemption), 2 volumes	—	630
— *Série :* 1° Le Docteur mystérieux. — 2° La Fille du marquis.		
LES DRAMES GALANTS (La marquise d'Escoman), 2 volumes	—	572
EMMA LYONNA, *voir* LA SAN FELICE, 5 volumes	—	1 556
LA FEMME AU COLLIER DE VELOURS, *Voir* LES MILLE ET UN FANTOMES.	—	234
FERNANDE	—	312
LA FILLE DU MARQUIS, *voir* LE DOCTEUR MYSTÉRIEUX (2 volumes).	—	555
UNE FILLE DU RÉGENT, *voir* LE CHEVALIER D'HARMENTAL.	—	353
FILLES, LORETTES ET COURTISANES	variété	136
— Les serpents	—	143
LE FILS DU FORÇAT (M. Coumbes. — Histoire d'un Cabanon et d'un Chalet).	roman	314
LES FRÈRES CORSES.	—	155
— Othon l'archer.	—	138
GABRIEL LAMBERT.	roman	177
— La Pêche aux filets	nouvelle	58
— Invraisemblance	—	30
— Une Ame à naître	—	40
GEORGES.	—	309
LA GUERRE DES FEMMES, 2 volumes.	—	636
HISTOIRE DE MES BÊTES.	variété	329

		Nombre de pages
HISTOIRE D'UN CASSE-NOISETTE.	conte	233
— L'Égoïste	—	30
— Nicolas le Philosophe.	—	16
L'HOMME AUX CONTES :		
— Le Soldat de plomb.	conte	20
— Petit-Jean et Gros-Jean	—	42
— Le Roi des taupes et sa fille.	—	26
— La Reine des neiges.	—	76
— Les deux Frères.	—	58
— Le vaillant petit Tailleur.	—	24
— Les Modes géantes.	—	24
— La Chèvre, le Tailleur et ses trois Fils.	—	26
— Saint Népomucène et le Savetier.	—	16
L'HOROSCOPE.	roman	283
L'ILE DE FEU (Le Médecin de Java), 2 volumes	—	589
INGÉNUE, 2 volumes	—	649
ISAAC LAQUEDEM, 2 volumes	—	657
IVANHOE traduit de Walter Scott, 2 vol.	—	592
JACQUES ORTIS	—	243
— Les Fous du docteur Miraglia.	nouvelle	46
JACQUOT SANS OREILLES.	roman	165
— Les deux Étudiants	nouvelle	62
JANE.	roman	195
— Un Coup de feu.	nouvelle	38
— Le Faiseur de cercueils	—	31
— Don Bernardo de Zuniga	—	56
JOSEPH BALSAMO, voir Mémoires d'un Médecin.		
LES LOUVES DE MACHECOUL, 3 volumes.	roman	958
MADAME DE CHAMBLAY (Ainsi soit-il!), 2 volumes	—	537
LA MAISON DE GLACE, 2 volumes	—	602
LE MAITRE D'ARMES.	—	313
LES MARIAGES DU PÈRE OLIFUS, voir LES MILLE ET UN FANTOMES.	—	264

		Nombre de pages.
MÉMOIRES D'UNE AVEUGLE (Mémoires de madame du Deffand), 2 volumes. — Série : 1° Mémoires d'une aveugle. — 2° Les Confessions de la Marquise.	roman.	604
MÉMOIRES D'UN MÉDECIN :		
— 1° JOSEPH BALSAMO, 5 volumes	—	1,519
— 2° LE COLLIER DE LA REINE, 3 vol.	—	868
— 3° ANGE PITOU, 2 volumes	—	674
— 4° LA COMTESSE DE CHARNY, 6 vol.	—	1.888
LE MENEUR DE LOUPS	—	211
MES MÉMOIRES, 10 volumes	autobiographie	3 146
LES MILLE ET UN FANTOMES. — Série : 1° Les Mille et un Fantômes. — 2° La Femme au collier de velours. — 3° Les Mariages du père Olifus. — 4° Le Testament de M. de Chauvelin.	roman.	237
LES MOHICANS DE PARIS, 4 volumes. — Série : 1° Les Mohicans de Paris. — 2° Salvator.	—	1.203
LES MORTS VONT VITE, tome premier :		
— Chateaubriand	variété	92
— Le Duc et la Duchesse d'Orléans	—	62
— Hégésippe Moreau	—	28
LES MORTS VONT VITE, tome second :		
— Béranger	—	39
— Eugène Sue	—	84
— Alfred de Musset	—	138
— Achille Devéria. — Lefèvre-Deumier	—	18
— La Dernière année de Marie Dorval.	—	53
UNE NUIT A FLORENCE SOUS ALEXANDRE DE MÉDICIS	roman.	250
OLYMPE DE CLÈVES, 3 volumes	—	821
LE PAGE DU DUC DE SAVOIE, voir LES DEUX DIANE, 2 volumes	—	607
PARISIENS ET PROVINCIAUX, 2 volumes.	—	562

		Nombre de pages.
LE PASTEUR D'ASHBOURN, 2 volumes . roman . . .		624
PAULINE . . . . — . . .		157
— Murat . . . . nouvelle. . .		50
— Pascal Bruno . . . . — . . .		99
LE PÈRE GIGOGNE, tome premier :		
— Le Lièvre de mon Grand-Père . . . conte . . .		185
— La Petite Sirène. . . . . — . . .		74
— Le Roi des Quilles. . . . . — . . .		52
LE PÈRE GIGOGNE, tome second :		
— La Jeunesse de Pierrot. . . . . . conte . . .		153
— Pierre et son oie. . . . . — . . .		48
— Blanche de Neige . . . . — . . .		32
— Le Sifflet enchanté. . . . . — . . .		14
— L'homme sans larmes . . . . . . — . . .		38
— Tiny la vaniteuse. . . . . — . . .		30
LE PÈRE LA RUINE. . . . . roman. . . .		317
LE PRINCE DES VOLEURS. . . . . — . . .		275
— Série : 1° Le Prince des voleurs. — 2° Robin Hood.		
LA PRINCESSE DE MONACO, 2 volumes . — . . .		642
LA PRINCESSE FLORA . . . . — . . .		253
PROPOS D'ART ET DE CUISINE :		
— La Retraite illuminée . . . . variété . . .		29
— Causerie culinaire. . . . . — . . .		20
— Romulus et Pizarro . . . . — . . .		16
— Le Cimetière Clamart . . . . — . . .		18
— Sculpture et Sculpteur (Clesinger-Lechesne). . . . . — . . .		56
— Les Gorilles. . . . . — . . .		6
— Le triomphe de la paix par *Delacroix*. — . . .		10
— Le Carmel. . . . . — . . .		14
— Mon ami Colbrun . . . . — . . .		30
— Pas de conscience. . . . . — . . .		10
— Un Poète anacréontique (Denne Baron) — . . .		44
— La Revue nocturne . . . . — . . .		6
— Une Séance de magnétisme . . . . — . . .		18
— Étude de tête d'après la bosse. . . — . . .		27
LES QUARANTE-CINQ, voir LA REINE MARGOT 8 volumes . . . . roman		898

		Nombre de pages.
LA REINE MARGOT, 2 volumes . . . . . roman		619
— *Série :* 1° La Reine Margot. — 2° La Dame de Monsoreau. — 3° Les Quarante-Cinq.		
ROBIN HOOD, *voir* LE PRINCE DES VOLEURS, 5 volumes . . . . —		535
LE SALTEADOR. . . . . —		319
SALVATOR, *voir* LES MOHICANS DE PARIS, 5 volumes . . . . —		1368
— Monseigneur Gaston Phœbus . . . . . nouvelle . . .		59
LA SAN-FÉLICE, 4 volumes. . . . . roman		1310
— *Série :* 1° La San-Félice. — 2° Emma Lyonna. — 3° Souvenirs d'une favorite.		
SOUVENIRS D'ANTONY :		
— Cherubino et Celestini . . . . nouvelle . . .		72
— Le Cocher de cabriolet. . . . . — . . .		34
— Blanche de Beaulieu. . . . . — . . .		64
— Un bal masqué. . . . . — . . .		14
— Bernard, *histoire pour les chasseurs*. — . . .		34
— Dom Martins de Freytas . . . . . . — . . .		54
— Le Curé Chambard. . . . . — . . .		46
SOUVENIRS DRAMATIQUES, tome premier :		
— Les Mystères . . . . variété		23
— Le théâtre des anciens et le nôtre . —		16
— William Shakespeare. . . . . —		24
— De la subvention des Théâtres. . . —		30
— Corneille et le Cid. . . . . —		44
— Pichat et son Léonidas. . . . . . . —		52
— La Littérature et les Hommes d'État. —		6
— Mon odyssée à la Comédie-Française —		8
— Les trois Phèdre. . . . . —		86
— Action et réaction littéraire . . . . —		10
— Le Baron Taylor. . . . . —		32
SOUVENIRS DRAMATIQUES, tome second :		
— L'Œdipe de Sophocle et l'Œdipe de Voltaire. . . . . —		94
— Othello . . . . —		30

DE REPRODUCTIONS

		Nombre de pages.
— La Camaraderie, les Collaborateurs et M. Scribe.	variété	24
— Le Louis XI de Mély-Janin et le Louis XI de Casimir Delavigne.	—	22
— De la Critique littéraire	—	
— Les Auteurs dramatiques au Conseil d'État.	—	50
— Dix ans de la vie d'une femme, ou la moralité de M. Scribe.	—	36
— A propos de Mauprat	—	50
— Henri V et Charles II	—	16
— De la nécessité d'un second Théâtre-Français.	—	36
— L'Ulysse de Ponsard.	—	81
SOUVENIRS D'UNE FAVORITE, voir LA SAN-FELICE, 4 volumes.	roman	1258
SULTANETTA.	roman	320
SYLVANDIRE.	—	315
LA TERREUR PRUSSIENNE, 2 volumes.	—	588
LE TESTAMENT DE M. DE CHAUVELIN, voir LES MILLE ET UN FANTOMES	—	273
LES TROIS MOUSQUETAIRES, 2 volumes.	roman	688
— *Série* : 1° Les Trois Mousquetaires. — 2° Vingt ans après. — 3° Le Vicomte de Bragelonne.		
LE TROU DE L'ENFER.	—	304
— *Série* : 1° Le Trou de l'Enfer. — 2° Dieu dispose.		
LA TULIPE NOIRE	—	307
LE VICOMTE DE BRAGELONNE, voir LES TROIS MOUSQUETAIRES, 6 volumes.	—	2009
UNE VIE D'ARTISTE (Aventures et tribulations d'un comédien)	—	308
VINGT ANS APRÈS, voir LES TROIS MOUSQUETAIRES, 2 volumes.	—	883

II. — SCÈNES ET ÉTUDES HISTORIQUES

Nombre
de pages.

CÉSAR, *voir* LES GRANDS HOMMES EN ROBE DE CHAMBRE.

CHARLES LE TÉMÉRAIRE, 2 volumes . . variété. . . . 635

LE DRAME DE 93, *voir* LOUIS XIV ET SON SIÈCLE, 3 volumes. . . . . — . . . 870

LES DRAMES DE LA MER :
— Bontekoe . . . . variété. . . . 85
— Le Capitaine Marion . . . . — . . . 60
— La Junon . . . . — . . . 100
— Le Kent. . . . . — . . . 52

LES GARIBALDIENS. . . . . — . . . 315

GAULE ET FRANCE. . . . . — . . . 294

LES GRANDS HOMMES EN ROBE DE CHAMBRE :
— 1° CÉSAR, 2 volumes. . . . . — . . . 602
— 2° HENRY IV. — LOUIS XIII ET RICHELIEU, 2 volumes. . . . . . — . . . 639

LES HOMMES DE FER :
— Pépin. . . . . — . . . 56
— Charlemagne. . . . . — . . . 22
— Le Sire de Giac . . . . — . . . 62
— Guelfes et Gibelins. . . . . — . . . 62

ISABEL DE BAVIÈRE, 2 volumes. . . . . — . . . 584

ITALIENS ET FLAMANDS, *voir* LES MÉDICIS, tome premier :
— Introduction. . . . . — . . . 146
— Masaccio de San-Giovanni . . . . . — . . . 8
— Jean Bellin . . . . — . . . 20
— Le Pérugin . . . . — . . . 18
— Léonard de Vinci . . . . — . . . 40
— Pinturiccio. . . . . — . . . 14
— Fra Bartolomeo . . . . — . . . 22
— Albert Dürer . . . . — . . . 25
— Luca Cranach . . . . — . . . 11

		Nombre de pages
ITALIENS ET FLAMANDS, tome second :		
— Quintin Metzys	variété	15
— André de Mantegna	—	12
— Baldassare Peruzzi	—	24
— Giorgione	—	28
— Jean-Antoine Razzi	—	20
— Baccio Bandinelli	—	10
— André del Sarto	—	78
— Guérard Berck-Heyden	—	8
— Jules Romain	—	22
— Jacques de Pontormo	—	4
— Jean-Antoine Sogliani	—	2
— Frère Philippe Lippi	—	6
— François Miérris	—	4
— Alexandre Botticelli	—	8
— Ange Gaddi	—	6
— Jean Holbein	—	23
JEHANNE LA PUCELLE	—	207
— Praxède	—	34
— Pierre le Cruel	—	44
LOUIS XIV ET SON SIÈCLE, 4 volumes :	—	1190
— *Série* : 1° Louis XIV et son Siècle. — 2° La Régence. — 3° Louis XV et sa Cour. — 4° Louis XVI et la Révolution. — 5° Le Drame de 93.		
LOUIS XV ET SA COUR, *voir* LOUIS XIV ET SON SIÈCLE, 2 volumes	—	589
LOUIS XVI ET LA RÉVOLUTION, *voir* LOUIS XIV ET SON SIÈCLE, 2 volumes	—	648
LES MÉDICIS :		
— Branche aînée	—	145
— Branche cadette	—	124
— *Série* : 1° Les Médicis. — 2° Trois Maîtres. — 3° Italiens et Flamands.		
MÉMOIRES DE GARIBALDI, 2 volumes	—	574
NAPOLÉON	—	309

		Nombre de pages.
LA RÉGENCE, *voir* LOUIS XIV ET SON SIÈCLE	—	301
LA ROUTE DE VARENNES	—	279
LES STUARTS	—	307
TROIS MAITRES, *voir* LES MÉDICIS :		
— Michel-Ange.	—	100
— Titien.	—	104
— Raphaël.	—	58

III. — VOYAGES.

UNE ANNÉE A FLORENCE, *voir* LE MIDI DE LA FRANCE.	variété.	278
L'ARABIE HEUREUSE, 3 volumes	—	935
LES BALEINIERS (Océanie et Australie) 2 volumes	—	618
LE CAPITAINE ARÉNA (Sicile), *voir* LE SPERONARE	—	296
LE CAUCASE, *voir* LES IMPRESSIONS DE VOYAGE EN RUSSIE, 3 volumes	—	890
LE CORRICOLO (Naples), *voir* LE SPERONARE, 2 volumes	—	625
DE PARIS A CADIX, 2 volumes . . . . . — *Série* : 1° De Paris à Cadix. — 2° Le Veloce.	—	611
EXCURSION SUR LES BORDS DU RHIN, 3 volumes	—	864
UN GIL BLAS EN CALIFORNIE.	—	323
IMPRESSIONS DE VOYAGE EN RUSSIE, 4 volumes . . . . — *Série* : 1° Impressions de voyage en Russie. — 2° Le Caucase.	—	1224
IMPRESSIONS DE VOYAGE EN SUISSE, 3 volumes.	—	879

		Nombre de pages.
LE MIDI DE LA FRANCE, 2 volumes... variété		613
Série : 1° Le Midi de la France. — 2° Une année à Florence. — 3° La Villa Palmiéri.		
UN PAYS INCONNU (Havane, Brésil)...	—	320
QUINZE JOURS AU SINAI............	—	299
LE SPERONARE (Sicile), (2 volumes).. variété		616
- *Série :* 1° Le Speronare. — 2° Le Capitaine Aréna. — 3° Le Corricolo.		
LE VÉLOCE (Tanger, Alger, Tunis). *voir* DE PARIS A CADIX (2 volumes)...	—	597
LA VIE AU DÉSERT (Afrique méridionale), (2 volumes)................	—	556
LA VILLA PALMIERI, *voir* LE MIDI DE LA FRANCE...............	—	278

ALEXANDRE DUMAS FILS

DE L'ACADÉMIE FRANÇAISE

ANTONINE................ roman.		319
AVENTURES DE QUATRE FEMMES ET D'UN PERROQUET............	—	396
CONTES ET NOUVELLES :		
— Un Paquet de lettres...... nouvelle		86
— Le Prix de Pigeons.........	—	46
— La Boîte d'argent..........	—	86
— Le Pendu de la Piroche......	—	26
— Ce que l'on voit tous les jours...	—	66
— Césarine................	—	127
LA DAME AUX CAMÉLIAS........ roman		300

		Nombre de pages.
ENTR'ACTES, tome premier :		
— Les Faux Polonais. . . . . variété		18
— Paris après les journées de Juin. . . —		12
— Courrier de Paris . . . . —		62
— Lettres d'un Provincial. . . . . . . —		84
— Histoire de la Loterie . . . . —		16
— La Vie d'une Comédienne. . . . . —		16
— De la force physique. . . . . —		32
— Les Premières représentations . . . —		32
— Flaminio. . . . . —		16
— Les Funérailles de Lamartine. . . . —		12
— A M. Sarcey. . . . . —		18
— Un abus de confiance. . . . . —		8
— Les Madeleines repenties. . . . . . —		26
ENTR'ACTES, tome deuxième :		
— Histoire du Supplice d'une femme . —		127
— Sur les idées de Madame Aubray. . . —		14
— M. Mirès, sur la question d'argent . —		17
— Une Nouvelle lettre de Junius . . . —		18
— Une Lettre sur les choses du jour . —		32
— Nouvelle lettre sur les choses du jour. —		30
— Discours funèbres. Auber. . . . . . —		8
— — AlexandreDumas —		2
— — Anicet Bourgeois —		7
— — ThéophileGautier —		10
— — Desclée. . . . . —		11
ENTR'ACTES, tome troisième :		
— Préface du Chevalier Beautemps de Quatrelles. . . . . —		9
— L'Homme-Femme. . . . . —		103
— Sur la collaboration . . . . —		14
— Le Faust de Gœthe. Préface . . . . —		98
— Manon Lescaut. Préface . . . . . . —		26
— La Cité de Limes . . . . —		22
— Discours de réception à l'Académie française. . . . . —		48
— L'Affaire Marambat. . . . . —		24
— Discours sur les Prix de vertu. . . —		38
— Daphnis et Chloé. Préface . . . . . —		14

		Nombre de pages.
THÉATRE, tome premier :		
— Préface de la Dame aux Camélias	variété....	47
— La Dame aux Camélias.	drame 5 actes.	136
— Préface de Diane de Lys.	variété. . . .	12
— Diane de Lys	drame 5 actes.	179
— Préface du Bijou de la Reine . . .	variété	9
— Le Bijou de la Reine	c. en vers 1 a.	31
THÉATRE, tome deuxième :		
— Préface du Demi-Monde	variété . . .	21
— Le Demi-Monde	com. 5 actes.	188
— Préface de la Question d'argent . .	variété	18
— La Question d'argent	com. 5 actes.	156
THÉATRE, tome troisième :		
— Préface du Fils naturel	variété	27
— Le Fils naturel.	com. 5 actes.	165
— Préface du Père prodigue	variété	11
— Un Père prodigue	com. 5 actes.	190
THÉATRE tome quatrième :		
— Préface de l'Ami des femmes . . .	variété	53
— L'Ami des femmes.	com. 5 actes.	150
— Préface des Idées de Mme Aubray .	variété. . . .	7
— Les Idées de Mme Aubray.	com. 5 actes.	127
THÉATRE tome cinquième :		
— Préface de Une Visite de noces . .	variété	19
— Une Visite de noces	com. 5 actes.	44
— Préface de la Princesse Georges . .	variété	12
— La Princesse Georges.	pièce 3 actes.	80
— Préface de la Femme de Claude . .	variété. . . .	48
— La Femme de Claude.	pièce 3 actes.	92
THÉATRE, tome sixième :		
— Préface de Monsieur Alphonse . . .	variété	60
— Monsieur Alphonse.	pièce 3 actes.	90
— Préface de l'Étrangère.	variété	52
— L'Étrangère	com. 3 actes.	160
LA VIE A VINGT ANS.	—	320

HENRI DUPIN

LA VIEILLESSE DE MAZARIN	roman histor..	209

G. DUPREZ

Nombre de pages.

SOUVENIRS D'UN CHANTEUR . . . . . . autobiographie 275

LA GÉNÉRALE DURAND

Première dame d'honneur de l'Impératrice Marie-Louise.

MÉMOIRES SUR NAPOLÉON ET MARIE-
LOUISE, 1810-1814 . . . . mémoires . . . 356

CHARLES EDMOND

LA BUCHERONNE . . . . roman . . . 348
LE TRÉSOR DU GUÈBRE . . . . — . . . 394
HARALD . . . . — . . . 369
SOUVENIRS D'UN DÉPAYSÉ . . . . . . voyage . . . 280
ZÉPHYRIN CAZAVAN EN ÉGYPTE . . . roman . . . 472

Mrs. EDWARDS

(TRADUCTION DE MADAME C. DU PARQUET.)

BRUNE AUX YEUX BLEUS . . . . roman 401
UN VOISINAGE COMPROMETTANT . . . . — . . . 683

EDWARD EGGLESTON

AU BON VIEUX TEMPS :
— Le Land Warrant . . . . nouvelle . . . 143
— Le Prêcheur en plein air . . . . . — . . . 151
LE MAITRE D'ÉCOLE DU FLAT-CREEK. — . . . 96
— Le Prédicateur Ambulant . . . . . . — . . . 125

GEORGE ELIOT

DANIEL DERONDA, 2 volumes . . . . . . roman 767

Mᵐᵉ ELLIOTT

	Nombre de pages.
MÉMOIRES SUR LA RÉVOLUTION FRANÇAISE............ mém. historiq.	254

EMMA D'ERWIN

LA FIANCÉE DE GILBERT........ roman....	370

S. LE FANU

MON ONCLE SILAS.......... roman....	380

CLAUDE FAURIEL

LES DERNIERS JOURS DU CONSULAT.. étude historiq.	486

LÉA FERGUSSON

L'ÉCOLE DU VICE............ roman...	255

LÉONCE FERRET

LA VENGEANCE DU BOURREAU..... roman....	340

COMTE DE LA FERRIÈRE

LES PROJETS DE MARIAGE DE LA REINE ÉLISABETH............ étude historiq.	281
TROIS AMOUREUSES AU XVIᵉ SIÈCLE.. Françoise de Rohan, Isabelle de Limeuil; la reine Margot............ études hist..	337

GABRIEL FERRY

LES DERNIÈRES ANNÉES D'ALEXANDRE DUMAS............... (1864-1870)....	342
LES DEUX MARIS DE MARTHE..... roman....	415

OCTAVE FEUILLET

DE L'ACADÉMIE FRANÇAISE

ŒUVRES COMPLÈTES

Nombre de pages.

LES AMOURS DE PHILIPPE.	roman	339
BELLAH	—	353
HISTOIRE D'UNE PARISIENNE.	—	281
HISTOIRE DE SIBYLLE	—	387
JOURNAL D'UNE FEMME	—	342
JULIA DE TRÉCŒUR	—	208
— Circé	nouvelle	29
UN MARIAGE DANS LE MONDE	roman	337
MONSIEUR DE CAMORS	—	377
LA MORTE	—	306
LA PETITE COMTESSE	—	165
— Le Parc	—	34
— Onesta	—	123
LE ROMAN D'UN JEUNE HOMME PAUVRE	—	352
SCÈNES ET COMÉDIES :		
— Le Village	pièce	59
— Le Cheveu blanc	—	30
— Dalila	—	146
— L'Ermitage	—	54
— L'Urne	—	46
— La Fée	—	54
SCÈNES ET PROVERBES :		
— Le Fruit défendu	—	30
— La Crise	—	64
— Rédemption	—	106
— Le Pour et le Contre	—	30
— Alix	—	66
— La Partie de Dames	—	32
— La Clef d'Or	—	108
LA VEUVE	roman	194
— Le Voyageur	scènes dialog.	60

ERNEST FEYDEAU
— ŒUVRES COMPLÈTES —

		Nombre de pages.
ALGER.	étude.	285
L'ALLEMAGNE EN 1871.	voyages	274
LES AMOURS TRAGIQUES.	roman	289
L'ART DE PLAIRE.	étude.	157
CATHERINE D'OVERMEIRE.	roman	372
COMMENT SE FORMENT LES JEUNES GENS	—	422
LA COMTESSE DE CHALIS.	—	354
DANIEL, 2 volumes	—	744
UN DÉBUT A L'OPÉRA.	—	264
Série : 1° Un Début à l'Opéra. — 2° M. de Saint-Bertrand ; — 3° Le Mari de la Danseuse.		
FANNY.	—	254
LE LION DEVENU VIEUX.	—	320
DU LUXE, DES FEMMES, DES MŒURS, DE LA LITTÉRATURE ET DE LA VERTU.	étude.	195
— Opinion de M. Dupin, sur le luxe effréné des femmes.	—	10
— Le théâtre et la société	—	8
— Le monde et le demi-monde.	—	10
— Le luxe au corps législatif.	—	14
MÉMOIRES D'UN COULISSIER.	étude.	317
MONSIEUR DE SAINT-BERTRAND, voir UN DÉBUT A L'OPÉRA	roman	352
LE MARI DE LA DANSEUSE, voir UN DÉBUT A L'OPÉRA	—	398
LES QUATRE SAISONS :		
— Le Printemps.	variété.	56
— L'Été.	—	82
— L'Automne.	—	50
— L'Hiver.	—	27
LE ROMAN D'UNE JEUNE MARIÉE.	roman	348
LE SECRET DU BONHEUR, 2 volumes.	—	690

		Nombre de pages
SOUNA, — MŒURS ARABES :		
— A Franc-étrier !	roman	203
— Contes des mille et une nuits	nouvelle	23
— Anifa Madina, et Aïcha	—	47
SYLVIE	roman	252

FOLARÇON

QUAND J'ÉTAIS BRIGADIER :		
— Dans la chambrée	nouvelle	9
— Le dîner de la reine d'Angleterre	—	8
— Soyez donc chaste !	—	8
— Emballé au pas	—	10
— De l'utilité des mouchoirs d'instruction	—	8
— On dirait du veau !	—	8
— Un match de théorie	—	8
— Un vétérinaire dans le mouvement	—	8
— C'est les punaises !	—	8
— Un intendant qui n'aimait pas la cavalerie	—	8
— Le brigadier Tirefeu	—	8
— Cerveau-piano	—	10
— Un sapeur irrésistible	—	6
— Méfiez-vous des ronfleurs !	—	8
— Cuirs et velours	—	8
— Ne perdez pas le nord !	—	8
— La chienne du commandant de place	—	8
— L'art de grandir	—	10
— Carottier-besef	—	8
— A couvert	—	8
— Un vétérinaire vieux jeu	—	10
— Guigne ! froide guigne !	—	8
— Volontaires, parents et amis	—	12
— Le capitaine « c'est écrit »	—	8
— La rosse tarpéienne	—	12
— Le docteur Bistouri	—	10
— Les gants de peau	—	10
— Un peu d'histoire	—	10
— Idée fixe et mérite tropical	—	12
— Hésiter ? jamais !	—	8
— Un capitaine inventeur	—	10

FONTAINE DE RAMBOUILLET

                                                Nombre de pages

LA RÉGENCE ET LE CARDINAL DUBOIS. relat. anecdot. 368

FORSAN

MARTHE DE THIENNES . . . . roman 240
— Dernier Rayon. . . . . nouvelle . . . 19

ANATOLE FRANCE

LE CRIME DE SYLVESTRE BONNARD :
— La Bûche. . . . . nouvelle. . . 95
— La Fille de Clémentine. . . . . . . - roman. . . 229

JOCASTE ET LE CHAT MAIGRE :
— Jocaste . . . . nouvelle. . . 160
— Le Chat maigre. . . . .   —   . . . 137

LE LIVRE DE MON AMI . . . . roman . . . 333

ANTOINE GANDON

LE GRAND GODARD. . . . . roman . . 246
LES 32 DUELS DE JEAN GIGON . . . . .   —   247

COMTE AGÉNOR DE GASPARIN
ŒUVRES COMPLÈTES

L'AMÉRIQUE DEVANT L'EUROPE. . . . . étude 564
LA BIBLE, 2 vol. . . . .   —   530
LE BONHEUR. . . . .   —   . . . 272

LE BON VIEUX TEMPS :
— Autrefois . . . .   —   137
— Aujourd'hui . . . .   —   142

LA CONSCIENCE . . . .   —   341
DISCOURS POLITIQUES . . . . discours . . . 457

CATALOGUE SPÉCIAL

		Nombre de pages.
LES DROITS DU CŒUR .... étude.		306
LES ÉCOLES DU DOUTE ET L'ÉCOLE DE LA FOI................ —		431
L'ÉGALITÉ .... discours ...		400
L'ÉGLISE SELON L'ÉVANGILE, 2 vol. ... étude.....		705
L'ENNEMI DE LA FAMILLE :		
— L'Histoire........... —		92
— Le Socialisme .... —		109
— Mécanisme et individualité..... —		40
— Les Réclamations des femmes. . . —		113
LA FAMILLE, 2 vol. .... étude		785
LA FRANCE, NOS FAUTES, NOS PÉRILS, NOTRE AVENIR............. —		746
UN GRAND PEUPLE QUI SE RELÈVE . . —		414
INNOCENT III :		
— Le Siècle apostolique........ —		74
— Constantin........... —		116
— Innocent III.......... —		223
LA LIBERTÉ MORALE, 2 vol....... —		963
LIBERTÉ RELIGIEUSE........... —		316
LUTHER ET LA RÉFORME AU XVIᵉ SIÈCLE conférences..		430
PAROLES DE VÉRITÉ .... discours ...		420
PENSÉES DE LIBERTÉ .... pensées ...		228
LES PERSPECTIVES DU TEMPS PRÉSENT discours ...		385
TROIS PAROLES DE PAIX :		
— La Déclaration de Guerre ..... étude.....		15
— La République neutre d'Alsace... —		165
— Le Luxembourg.......... —		7
— L'Objection banale......... —		7
— Appel au patriotisme et au bon sens —		98
— Encore l'Alsace neutre....... —		10

L'AUTEUR DES HORIZONS PROCHAINS

		Nombre de pages.
ANDALOUSIE ET PORTUGAL	voyage	439
A CONSTANTINOPLE	voyages	486
A TRAVERS LES ESPAGNES	—	434
AU BORD DE LA MER	fantaisie	352
BANDE DU JURA :		
— I. LES PROUESSES DE LA BANDE DU JURA,	voyages.	300
— II. PREMIER VOYAGE	—	298
— III. CHEZ LES ALLEMANDS.— CHEZ NOUS.	—	410
— IV. A FLORENCE	—	392
CAMILLE	roman	298
LES HORIZONS CÉLESTES	études	262
LES HORIZONS PROCHAINS :		
— Le songe de Lisette	—	35
— Les trois roses	—	36
— La Tuilerie	—	32
— L'Hégélien	—	26
— Les Sources	—	24
— Un pauvre Garçon	—	33
— Le Forçat	—	14
— Un Pigeonnier	—	30
— Marietta	—	14
— Le Sculpteur	—	13
— La Tonnelle de Cormier	—	13
LES TRISTESSES HUMAINES	études	324
VESPER :		
— Janvier	nouvelle	24
— Vieilles coutumes, vieilles gens	—	36
— Les Coqs de Mme Alfred	—	20
— La Fleur rouge	—	12
— Le petit Juif	—	30
— Lady Mary	—	38
— Kalampin	—	23
— L'Homme assassiné	—	26
— Baucis et Philémon	—	28
— L'Orient	—	36
— Emmanuel	—	23
VOYAGE AU LEVANT, 2 volumes	voyage	820

THÉOPHILE GAUTIER FILS

		Nombre de pages
LA BARONNE VÉRA	roman	149
— Virginie Peugheol	nouvelle	98
— La maison de poste	—	97

SOPHIE GAY

— ŒUVRES COMPLÈTES —

ANATOLE	roman	264
LE COMTE DE GUICHE	—	287
LA COMTESSE D'EGMONT	—	307
DUCHESSE DE CHATEAUROUX	—	321
ELLÉNORE, 2 volumes	—	671
LE FAUX FRÈRE	—	320
LAURE D'ESTELL	—	276
LÉONIE DE MONTBREUSE	—	206
LES MALHEURS D'UN AMANT HEUREUX	—	348
UN MARIAGE SOUS L'EMPIRE	—	305
LE MARI CONFIDENT	—	320
MARIE DE MANCINI	—	310
MARIE-LOUISE D'ORLÉANS	—	320
LE MOQUEUR AMOUREUX	—	27
PHYSIOLOGIE DU RIDICULE	variétés	264

SALONS CÉLÈBRES :

— Le Salon de la baronne de Staël	variété	28
— Un Salon au mois de décembre	—	18
— Le Salon de mademoiselle Contat	—	58
— Le Célibat moderne	—	16
— Le Salon du baron Gérard	—	26
— La Fatuité moderne	—	12
— Le Salon de la comtesse Merlin	—	22
— Le Salon de l'impératrice Joséphine	—	8

		Nombre de pages
SOUVENIRS D'UNE VIEILLE FEMME :		
— Mystère et Leçon	nouvelle . . .	60
— La Providence de Famille	— . . .	58
— Anaïs	— . . .	32
— Le Télescope	— . . .	80
— Le Châle et le Chien	— . . .	22
— La Princesse de Conti	— . . .	19

A. GENNEVRAYE

L'OMBRA :		
— L'Ombra	nouvelle . . .	181
— Louise	— . . .	47
— Le Capitaine Mercier	— . . .	86
LE ROMAN D'UN MÉCONNU :		
— Le Roman d'un Méconnu	nouvelle . . .	155
— M. de Fayen	— . . .	44
— Mme de Faverlay	— . . .	97
TROP RICHE	roman . . .	195
— Pourquoi l'étang de Saint-Gil fut comblé	nouvell· . . .	30
— Fièvre	— . . .	38
— En cabriolet	— . . .	27
RIMES ET RAISON	poésies	209

GÉRALD

LA FAUTE DE GERMAINE :		
— La Faute de Germaine	nouvelle . . .	127
— La Buissonnière	— . . .	119
— Gertrude	— . . .	49
— Le Mariage de Madeleine	— . . .	54
HISTOIRES INTIMES :		
— Madame de Verteuil	nouvelle . . .	65
— Le Repentir de Jeanne	— . . .	102
— Geneviève	— . . .	50
MES PENSÉES	pensées . . .	244
MISS MERTON	roman	201
OUI ET NON	— . . .	190
LE ROMAN DE GABRIELLE	— . . .	211
UN SECRET	— . . .	173

		Nombre de pages.
TOUT PRÈS D'UNE FAUTE. . . . . . nouvelle. . .		41
— Le mariage d'Alix . . . . —		98
— Un sacrifice . . . . —		82
— Flavie. . . . . —		48
— Le journal de Jeanne . . . . —		52

JULES GÉRARD (LE TUEUR DE LIONS)

LA CHASSE AU LION . . . . variété. . . .		250
MES DERNIÈRES CHASSES. . . . . —		242
VOYAGES ET CHASSES DANS L'HIMALAYA —		313

F. GERSTAECKER

LES BRIGANDS DES PRAIRIES. . . . . . roman		306
— *Série* : 1° Les Brigands des prairies. — 2° Les Voleurs de chevaux. — 3° Les Pionniers du Far-West. — 4° Le Peau-rouge.		
UNE CHARMANTE HABITATION, voir LA MAISON MYSTÉRIEUSE . . . . —		262
LA MAISON MYSTÉRIEUSE . . . . . . —		299
— *Série*. — 1° La Maison mystérieuse. — 2° Une charmante habitation.		
LE PEAU-ROUGE, voir LES BRIGANDS DES PRAIRIES . . . . —		254
LES PIONNIERS DU FAR-WEST, voir LES BRIGANDS DES PRAIRIES . . . . —		265
LES VOLEURS DE CHEVAUX, voir LES BRIGANDS DES PRAIRIES . . . . —		290

ALBERT GIGOT
Ancien préfet de police.

LA DÉMOCRATIE AUTORITAIRE AUX ÉTATS-UNIS : — Le général André Jackson	359

MARCEL GIRETTE

JOHANNÈS, FILS DE JOHANNÈS. . . . . roman		307

F. DE GIRODON-PRALON

		Nombre de pages
UNE FEMME	roman	413

JULES DE GLOUVET

LE BERGER	roman	351
LA FAMILLE BOURGEOIS	—	406
LE FORESTIER	—	328
LE MARINIER	—	358
HISTOIRES DU VIEUX TEMPS	récits	386

Mrs. G.-W. GODFREY
(TRADUCTION DE MADAME C. DU PARQUET.)

AMOUR VRAI	roman	391

W. GODWIN

CALEB WILLIAMS, 2 volumes	roman	592

GOETHE
TRADUCTION DE BACHARACH

FAUST, avec introduction d'Alexandre Dumas fils	poème	308

GOETHE
TRADUCTION N. FOURNIER

HERMANN ET DOROTHÉE	roman	280
WERTHER	—	269

OL. GOLDSMITH

LE VICAIRE DE WAKEFIELD	roman	251

ÉDOUARD GOURDON

CHACUN LA SIENNE :		
— Somnambule et Médium	nouvelle	101
— L'Œillet bleu	—	52
— Une Rencontre imprévue	—	42
— Ulrich	—	32
— Esquisse d'une Femme	—	30
— A côté de la Bataille	—	20
LOUISE	roman	251
NAUFRAGE AU PORT	—	322

5.

UNE GRANDE DAME RUSSE

		Nombre de pages.
L'ABBÉ DE MORVAN . . . . roman		321
LES CONSÉQUENCES D'UNE FAUTE . . . —		341

AMÉDÉE GUILLEMIN

LES MONDES . . . . caus. astron.	337

GYP

AUTOUR DU DIVORCE . . . . scènes parisiennes	410
AUTOUR DU MARIAGE . . . . —	380

CE QUE FEMME VEUT :

— Ce que femme veut	nouvelle	10
— Le Gardénia	—	34
— Variations	—	14
— Pour les pauvres s'il vous plaît ! . .	—	14
— L'Effet qu'on croit faire	—	28
— L'Œil au bois	—	14
— L'Homme remarquable	—	18
— Messieurs les militaires	—	16
— Maniaques et abrutis	—	12
— Techniques, fanatiques et ignorants.	—	14
— Un Dîner	—	18
— Ce qu'ils disent les uns des autres .	—	12
— Une Ouverture	—	24
— Ce que coûte un équipage	—	6
— Le Jour du Grand Prix	—	24
— Chevaux et voitures à vendre . . .	—	14
— Comédiens de château	—	58

ELLES ET LUI . . . . scènes parisiennes	287

UN HOMME DÉLICAT :

— Un homme délicat	nouvelle . . .	15
— Le Mail des Damiette	—	18
— Réunion du Comité	—	24
— Chrysalide et Papillon	—	28
— Madgyar	—	16
— Une Visite ennuyeuse	—	20
— Le Mariage de Diane	—	26

		Nombre de pages
— Ces bons Normands	nouvelle	14
— Lequel ?	—	22
— Suavité	—	14
— Le Choix d'un costume	—	26
— Animaux gras	—	20
— Le Portrait	—	24
— La Pluie	—	20
— Hésitation	—	16
— C'était pas celle-là	—	16
— A l'Américaine	—	23
— La Fanfare	—	12
LE MONDE A COTÉ	roman	322
PETIT BOB :		
— Bob au Salon	scène parisienne	15
— Bob au Cirque	—	14
— Bob chez lui	—	14
— Bob à l'Exposition	—	23
— La Leçon de Bob	—	24
— Bob et maman	—	16
— Bob à la Chambre	—	18
— Les Étrennes de Bob	—	20
— La Fête de maman	—	21
— Bob au persil	—	16
— Bob à la Mer	—	18
— Bob au Jardin d'acclimation	—	20
— Bob s'amuse	—	16
— Bob et Corneille	—	16
— Bob politique	—	16
— Bob puni	—	18
— Bob au concours hippique	—	
PLUME ET POIL :		
— Une dernière conspiration légitimiste	nouvelle	26
— A l'Exposition des Chiens	—	14
— Bourdes de chasse	—	14
— Souffrances d'un Maître d'équipage	—	10
— Visite au Chenil	—	14
— Journée de chasse	—	27
— Fin de saison	—	14
— Tir au pigeon	—	13
— Le Monde des Courses	—	11
— Rallye paper militaire	—	19

		Nombre de pages.
— Au Concours hippique	nouvelle	11
— Pendant que ces messieurs chassent	—	12
— A dîner	—	24
— Ceintures dorées	—	19
— Retour de chasse	—	25
— Ce qu'on dit pendant le cotillon	—	28
— Litanies de Saint-Hubert	—	5

LE PLUS HEUREUX DE TOUS :

— Le plus heureux de tous	nouvelle	23
— Le modèle	—	11
— Bruits d'hôtel	—	21
— Moderne !	—	21
— Les derniers beaux jours	—	19
— La mort de la princesse	—	14
— A marier	—	14
— Le pauvre X et le petit Z	—	24
— Jalousies rétropectives	—	11
— Colette	—	23
— Propos de chasse	—	27
— Trop chaud	—	34
— Bout de l'an !!!	—	16
— Le mariage de Xaintrailles	—	30
— Départ	—	14
— Trop délicat	—	22

SANS VOILES !

— Sans voiles	nouvelle	20
— Oh ! charité !	—	16
— Mon pauvre oncle	—	13
— Une perle	—	11
— Comment elles écoutent la musique	—	14
— Une cabale	—	27
— La tireuse de cartes	—	18
— Promesses de bonheur	—	31
— Le plus beau jour de l'année	—	36
— Provinciaux	—	30
— Le sabre de mon père	—	26
— Sous bois	—	19
— Mademoiselle Ève	—	26
— Série sérieuse	—	41
— Série toquée	—	27

		Nombre de pages.
LA VERTU DE LA BARONNE :		
— La Vertu de la baronne	nouvelle	29
— Régénération spontanée	—	24
— Un peu de morale	—	16
— La Simple nature	—	18
— Le Nuage	—	14
— On ne songe pas à tout	—	12
— X... tout court	—	14
— Ondoyante et diverse	—	24
— Le Cerceau	—	22
— Sauvetage	—	12
— Oremus	—	14
— L'Éducation de l'abbé	—	18
— In extremis	—	12
— L'Idéal	—	16
— Le Buste	—	12
— Jours pairs et jours impairs	—	16
— Le Dragon des Hespérides	—	20
— L'Agenda	—	16
— Innocence	—	26
— Bal costumé	—	15
— Un Grand amour	—	10
— Pique-Nique	—	26

GYP ET TROIS ÉTOILES

SAC A PAPIER . . . . lettres parisiennes 247

IDA HAHN-HAHN

LA COMTESSE FAUSTINE . . . . roman 324

GUSTAVE HALLER

LE BLEUET	roman	233
LE CLOU AU COUVENT	—	237
LE SPHINX AUX PERLES	—	376
VERTU	—	363

HAMILTON-AIDÉ

SACRIFICE	nouvelle	16
— Deux belles-mères	—	96
— Est-ce un rêve ?	—	3

COMTE D'HAUSSONVILLE

		Nombre de pages
MA JEUNESSE, 1814-1830	souvenirs	312

COMTE O. D'HAUSSONVILLE

A TRAVERS LES ÉTATS-UNIS	voyages	397
MISÈRES ET REMÈDES	études sociales	550

NATHANIEL HAWTHORNE

CONTES ÉTRANGES :

— La Marque de naissance	nouvelle	25
— La Fille aux poisons	—	38
— La Grande figure de pierre	—	24
— Le Trésor	—	28
— L'Expérience du docteur Heidegger	—	24
— L'Image de neige	—	20
— La Combe des trois collines	—	8
— L'Amour du beau	—	32
— Les Caprices du sort	—	10
— La Promenade de la petite Annie	—	10
— La Statue de bois	—	13
— Le Voyage de noce	—	11
— M. Wakefield	—	14
— La Catastrophe de M. Higginbotham	—	18
— La grande escarboucle	—	20
— Les Portraits prophétiques	—	18

HENRI HEINE

ALLEMANDS ET FRANÇAIS :

— De la Noblesse allemande	variété	12
— Lettres écrites de Normandie	—	31
— La Pension de Heine et sa prétendue naturalisation en France	—	47
— Kahldorf	—	23
— Le Miroir des Souabes	—	24
— Salon de 1831	—	14
— Mirabeau et la Révolution	—	22
— Les Journées de Juin	—	46
— Salon de 1833	—	26
— Varia	—	64
— Réforme des prisons et Législation pénale	—	14
— Testaments de Henri Heine	—	16

		Nombre de pages.
CORRESPONDANCE INÉDITE, 3 volumes . lettres		1255

DE L'ALLEMAGNE, tome Ier :

— De l'Allemagne jusqu'à Luther . . . étude		52
— De Luther jusqu'à Kant . . . . . . — . . .		56
— De Kant jusqu'à Hegel. . . . . . . — . . .		70
— La littérature jusqu'à la mort de Goethe . . . . — . . .		168
— Poètes romantiques . . . . — . . .		22

DE L'ALLEMAGNE, tome II et dernier :

— Réveil de la vie politique . . . . . — . . .		41
— Traditions populaires . . . . variété. . . .		78
— La Légende de Faust . . . . — . . .		52
— Les Dieux en exil. . . . . — . . .		62
— Aveux de l'auteur. . . . . — . . .		97

DE L'ANGLETERRE. . . . . études		357
DE LA FRANCE. . . . . —		383
DE TOUT UN PEU . . . . variétés . . .		377

DRAMES ET FANTAISIES :

— Introduction . . . . variété		65
— Almansor . . . . — . . .		98
— William Ratcliff . . . . — . . .		56
— Le Retour . . . . — . . .		54
— Nouveau printemps . . . . — . . .		28
— Le Rabbin de Bacharach . . . . . — . . .		85
— Le Romantisme . . . . — . . .		7

LUTÈCE . . . . lettres		420
MÉMOIRES . . . . variétés . . .		14

POÈMES ET LÉGENDES :

— Atta Troll . . . . légende . . .		78
— L'intermezzo . . . . — . . .		36
— La mer du Nord . . . . — . . .		30
— Nocturnes . . . . — . . .		49
— Feuilles volantes . . . . — . . .		14
— Germania . . . . — . . .		76
— Romancero . . . . — . . .		58
— Le Livre de Lazare . . . . — . . .		52

		Nombre de pages.
REISEBILDER, tome Ier :		
— Les Montagnes du Härtz	variété	92
— L'Ile de Norderney	—	46
— Le tambour Legrand	—	92
— Angleterre	—	54
— Schnabelewopski	—	92
REISEBILDER, tome II :		
— Italie — Voyage de Munich à Gênes.	voyage	119
— Les Bains de Lucques	variété	88
— La Ville de Lucques	—	84
— Les Nuits florentines	—	74
SATIRES ET PORTRAITS :		
— Louis Bourne	—	208
— Le Dénonciateur	—	82
— De la Pologne	—	51
— Louis Marcus	—	26
— M. Victor Cousin	—	13

E. D'HERVILLY

L'HOMME JAUNE :		
— L'homme jaune	nouvelle	7
— Une pierre dans un jardin	—	8
— Il maestro Bassinelli	—	14
— La couronne du sous-préfet	—	6
— Dulac, Dulac and C°	—	10
— La peau d'âne	—	8
— Madame Bol	—	10
— Le Professeur Guignol	—	
— Martyrs d'amour	—	8
— Saints en biscuits	—	8
— Les orangers de l'État	—	8
— La recherche de l'inconnu	—	6
— Où est le vieil habit ?	—	10
— Avant les vivisecteurs	—	12
— Vol au bonjour	—	12
— Poissons de vacances	—	12
— Saints de bois	—	12
— Courrier Journal	—	12
— La duchesse d'Hali	—	12
— Marguilliers	—	10

DE REPRODUCTIONS 89

		Nombre de pages.
— Mémoire d'un polichinelle	nouvelle	14
— Les deux cavaliers	—	8
— La session des nids	—	8
— Déménagement à bon marché	—	12
— Foire aux jambons	—	8
— Les turquoises du czar	—	6
— Paniers	—	8
— Le ventre de Sa Majesté	—	6
— La Petite-Vache	—	8
— Un fromage paradoxal	—	12
— L'exposition des fleurs pauvres	—	10
— Une âme de feu	—	12
— Chasselas de Chanaan	—	6
— Les Sœurs de la vague	—	12
— La revanche de Colin-Tampon	—	8
— Marions la momie !	—	10

LES PARISIENS BIZARRES :

— Métiers baroques	variété	32
— Professeur de cymbales et de langues	—	10
— Le vieillisseur de fortunes	—	10
— Tué par un fromage	—	12
— On prend son plaisir où	—	8
— Midi à quatorze heures	—	6
— Le galérien volontaire	—	10
— Le docteur Minos	—	8
— Violons de campagne	—	8
— Les chiens parisiens	—	8
— Histoires de chiens	—	10
— Funeste présent	—	6
— Le dernier latin public	—	14
— Calendes d'avril	—	10
— Nous sommes hideux	—	6
— Disparitions	—	10
— Le rat-goutteux	—	8
— L'amour de la science	—	14
— La première du Salon	—	10
— L'art sur conche	—	8
— La vibrante	—	6
— Les flottes du ciel	—	6
— L'ange de la gare	—	8
— Les et cætera	—	6
— Vacances de Paques	—	8

		Nombre de pages
— L'amie de Dédé............	—	6
— A la vieille Angleterre.......	—	10
— Pour l'œil de l'enfant.......	—	8
— Le gratin............	—	8
— Une soirée rue de Turbigo.....	—	16
— Le cas de M. Bralle........	—	8
— Premières brouées de feu.....	—	4
— Épiphanie à la crème.......	—	10
— Exégète de jour et de nuit.....	—	11

HILDEBRAND

LA CHAMBRE OBSCURE :

— Les Petits garçons.........	nouvelle	6
— Malheurs d'enfants.........	—	13
— Une Ménagerie...........	—	9
— Un homme désagréable dans le bois de Haarlem...........	—	23
— Humoristes............	—	5
— Le Trekschuit, la Diligence, le Bateau à vapeur et le Chemin de fer.	—	17
— Jouissance des plaisirs.......	—	9
— Les Amis éloignés.........	—	15
— L'Hiver à la campagne.......	—	23
— Le Progrès............	—	11
— L'Eau.............	—	9
— Enterrer !............	—	14
— Une Exposition de tableaux....	—	17
— Le Vent.............	—	6
— Réponse à une lettre de Paris...	—	6
— Antoine le chasseur........	—	20
— Types hollandais..........	—	78

SCÈNES DE LA VIE HOLLANDAISE :

— La famille Kegge..........	—	145
— Gerrit Witse ou les amours d'un candidat en médecine......	—	72
— Une vieille connaissance......	—	22
— La famille Stastok.........	—	94

HOFFMMANN

		Nombre de pages.
CONTES FANTASTIQUES :		
— Notice sur Hoffmann, par Ancelot (de l'Académie française) . . . . . nouvelle.		15
— Cinabre . . . . conte		50
— Le Reflet perdu . . . . —		27
— Le Tonnelier de Nuremberg. . . . —		48
— L'Homme au sable . . . . —		24
— Bonheur au jeu . . . . —		36
— Formica. . . . . —		50
— Le Majorat . . . . —		38
— Mademoiselle de Scudéry . . . . . —		54
— Marino Faliero. . . . . —		48
— Le Magnétiseur . . . . —		18
— Le Violon de Crémone . . . . . . —		18

ROBERT HOUDIN

L'ART DE GAGNER A TOUS LES JEUX. variétés et anecdotes		352
COMMENT ON DEVIENT SORCIER . . —		381
CONFIDENCES D'UN PRESTIDIGITATEUR, 2 vol. mémoires		659
MAGIE ET PHYSIQUE AMUSANTE . . . . variétés		295

F. HUGONNET

SOUVENIRS D'UN CHEF DE BUREAU ARABE. . . . . étude.		286

LÉON HUGONNET

EN ÉGYPTE . . . . voyages		398

WASHINGTON IRVING

AU BORD DE LA TAMISE :		
— La Traversée . . . . nouvelle		7
— Roscoe. . . . . —		7
— L'Épouse . . . . —		8
— Rip Van Winkle . . . . —		24
— Les Écrivains anglais et l'Amérique. —		10
— La Vie rustique en Angleterre. . . —		7
— Le Cœur brisé. . . . . —		7

		Nombre des pages.
— L'Art de faire des livres . . . . . . nouvelle	. . .	8
— Le Poète-roi. . . . . —	. . .	14
— L'Église de campagne . . . . —	. . .	6
— La Veuve et son fils. . . . . —	. . .	8
— Un Dimanche à Londres. . . . . . —	. . .	2
— La Taverne de la Tête-de-Sanglier. —	. . .	13
— La Mutabilité de la littérature. . . —	. . .	11
— Les Funérailles à la campagne. . . —	. . .	13
— La Cuisine d'auberge . . . . —	. . .	3
— Le Spectre-fiancé . . . . —	. . .	16
— L'Abbaye de Westminster . . . . . —	. . .	17
— Noël.	. . .	6
— La Diligence. . . . . —	. . .	7
— La Nuit de Noël . . . . —	. . .	13
— Le Jour de Noël. . . . . —	. . .	15
— Le Dîner de Noël. . . . . —	. . .	15
— Les Antiquités à Londres. . . . . . —	. . .	6
— La Petite-Bretagne. . . . . —	. . .	17
— Stratford-sur-Avon. . . . . —	. . .	21
— Traits de caractère indien. . . . . —	. . .	11
— Philippe de Pokanoket. . . . . . . —	. . .	18
— John Bull . . . . —	. . .	12
— L'Orgueil du Village. . . . . —	. . .	9
— Le Pêcheur à la ligne. . . . . . . —	. . .	10
— La Légende du Vallon endormi . . —	. . .	33
— Post-Scriptum. . . . . —	. . .	2
— L'Envoi . . . . —	. . .	3

VICTOR JACQUEMONT

CORRESPONDANCE, 2 volumes . . . . . voyage	. . . .	810
CORRESPONDANCE INÉDITE. . . . . . . lettres	. . . .	783

VICTOR JOLY

CRIC-CRAC. Récits de la chambrée :

— Pauvre Catargy . . . . nouvelle	. . .	33
— Les ricochets . . . . —	. . .	20
— Un tambour-major de Saint-Cyr . . . —	. . .	18
— Une miette de l'histoire. . . . . —	. . .	
— Une émouvante revue . . . . —	. . .	12

		Nombre de pages.
— La peine du talion. . . . . nouvelle . . .		16
— Le capitaine Barascutl. . . . . — . . .		20
— Les ressources de Montbarret . . . . — . . .		26
— Les incarnations de Verney . . . . . — . . .		60
— Mon oncle le colonel. . . . . — . . .		30
— Une année à Constantine . . . . . — . . .		76
CRRR DE BLEU ! . . . . nouvelle . . .		45
— Orléans et Bourbons au collège . . . — . . .		15
— Le dîner des dix. . . . . — . . .		30
— Passé au 13ᵉ. . . . . — . . .		20
— Max La Gardère. . . . . — . . .		36
— Pierre et Jean de Néméo. . . . . . . — . . .		32
— A l'hôpital. . . . . — . . .		24
— L'accordéon . . . . — . . .		22
— Le chien du régiment . . . . — . . .		18
— Andreas Grozca . . . . — . . .		26
— Un ex-mobile de 48. . . . . — . . .		22
— Le pilori . . . . — . . .		30
— Le miroir diabolique. . . . . — . . .		23

FRANÇOIS DE JULLIOT

TERRE DE FRANCE. . . . . roman	333

ALPHONSE KARR

— ŒUVRES COMPLÈTES —

A BAS LES MASQUES . . . . variétés . . .	353
A L'ENCRE VERTE. . . . . — . . .	373
AGATHE ET CÉCILE . . . . roman	304
L'ART D'ÊTRE MALHEUREUX. . . . . . variétés . . .	353
AU SOLEIL. . . . . — . . .	350
BOURDONNEMENTS . . . . — . . .	347
LES CAILLOUX BLANCS DU PETIT POUCET — . . .	307
LE CHEMIN LE PLUS COURT . . . . . . roman . . .	308
CLOTILDE . . . . — . . .	317
CLOVIS GOSSELIN . . . . —	280

CATALOGUE SPÉCIAL

		Nombre de pages.
LE CREDO DU JARDINIER	variétés	309
DANS LA LUNE	—	378
DE LOIN ET DE PRÈS	—	301
LES DENTS DU DRAGON	—	348
DIEU ET DIABLE	—	300
ENCORE LES FEMMES	variétés	318
EN FUMANT	—	318
L'ESPRIT D'ALPHONSE KARR	—	352
FA DIÈZE	roman	280
LA FAMILLE ALAIN	—	330
LES FEMMES	variétés	290
FEU BRESSIER	roman	231
LES FLEURS	variétés	205
LES GAIETÉS ROMAINES	variétés	308
GENEVIÈVE	roman	318
GRAINS DE BON SENS	variétés	331
LES GUÊPES, 6 volumes	variétés	1876
UNE HEURE TROP TARD	roman	315
HISTOIRE DE ROSE ET JEAN DUCHEMIN	—	102
— Valin	nouvelle	14
— Une Falaise à Étretat	—	25
HORTENSE	roman	230
— Sans se voir	nouvelle	35
— Vendredi	—	16
LETTRES ÉCRITES DE MON JARDIN	variétés	306
LE LIVRE DE BORD, 4 volumes	mémoires	1330
LA MAISON CLOSE	variétés	318
MENUS PROPOS	—	318

		Nombre de pages.
MIDI A QUATORZE HEURES	nouvelle	138
— Histoire d'un voisin	—	10
— Voyage dans Paris	—	60
— Une Visite à l'arsenal	—	32
— Un Homme et une Femme	—	42
NOTES DE VOYAGE D'UN CASANIER	variétés	400
ON DEMANDE UN TYRAN	—	380
LA PÊCHE EN EAU DOUCE ET EN EAU SALÉE, suivie du DICTIONNAIRE DU PÊCHEUR	—	308
PENDANT LA PLUIE	—	352
LA PÉNÉLOPE NORMANDE	roman	305
PLUS ÇA CHANGE	variétés	300
...PLUS C'EST LA MÊME CHOSE	—	368
UNE POIGNÉE DE VÉRITÉS	—	315
LES POINTS SUR LES I	variété	350
POUR NE PAS ÊTRE TREIZE	nouvelle	83
— Romain d'Étretat	—	53
— Les Willis	—	16
— Un Diamant	—	16
— Berthe et Rodolphe	—	9
— Bouret et Gaussin	—	16
— Jobisme	—	71
PROMENADES AU BORD DE LA MER	variétés	319
LA PROMENADE DES ANGLAIS	—	320
PROMENADES HORS DE MON JARDIN	—	278
LA QUEUE D'OR	nouvelle	30
— Une Somnambule	—	8
— Histoire d'un Pion	—	30
— Les Fleurs qui ont fait parler d'elles	variété	20
— La Pluralité des pères	—	6
— Les Tulipes	—	12
— A propos des noms	—	18

		Nombre de pages.
— Conférence sur le Lilas......	—	16
— De l'égalité à Paris........	—	6
— Un Rayon de soleil.......	—	4
— Grandeur des petites choses ...	—	24
— La Maladie de l'agriculture...	—	44
— Mes bons dîners.........	nouvelle	54
— Les Voleurs volés........	—	20
RAOUL...............	roman	320

LE RÈGNE DES CHAMPIGNONS :

— Quelques pages de l'histoire des champignons..........	variété	23
— Monsieur le préfet de Seine-et-Meuse.	—	14
— Autres temps...........	—	8
— Les médiocres..........	—	14
— Au jardin............	—	14
— A Monsieur Paul Dalloz......	—	4
— De quatre républiques......	—	53
— Petits papiers..........	—	14
— Et moi aussi...........	variété	10
— D'en haut............	—	18
— Les dominicales d'Anticyre....	—	56
— Mes almanachs.........	—	16
— La justice sans force et la force sans justice..............	—	26
— Miel de guêpes.........	—	12
— Le roman comique.......	—	12
— Si................	—	10
— Vingt contre quatre cents.....	—	23
— Correspondance imprévue.....	—	10
— Femmes et hommesses......	—	14
— Essai de contrepoison......	—	12
— Butin..............	—	12

ROSES ET CHARDONS, ou la Politique au jardin :

— Roses et chardons........	variété	4
— Au jardin............	—	19
— Un gouvernement de paille....	—	13
— Les harpies...........	—	10
— Encore ces vilains oiseaux.....	—	8
— Au jardin............	—	7
— Cauchemar...........	—	12

		Nombre de pages.
— A propos des femmes	—	13
— Réponse à une femme	—	5
— Miettes	—	9
— Au jardin	—	34
— Autopsie	—	10
— Arlequin anthropophage	—	14
— Quand je vois	—	11
— En attendant les bons bougres	—	13
— Fausse monnaie, jaunisse et déluge	—	9
— Le chapitre des tarets	—	13
— Les tarets (suite des suites à Buffon)	—	12
— Au jardin	—	14
— La première à Son Excellence N'importe qui	—	11
— Du même au même	—	8
— Un succès	—	9
— Au jardin	—	17
— P. P. C.	—	12
ROSES NOIRES ET ROSES BLEUES	—	317
LES SOIRÉES DE SAINTE-ADRESSE :		
— Histoire de tant de Charmes et de la Vertu même	nouvelle	22
— La Vierge noire	—	6
— Le Moine de Kremsmunster	—	11
— La Main du Diable	—	13
— De bas en haut	—	27
— Bernard et Mouton	—	13
— Les Révolutions de Pirmasentz, ville de soixante-dix-huit maisons	—	33
— Un Vaudeville	—	40
— Une Histoire invraisemblable	—	143
LA SOUPE AU CAILLOU	roman	375
SOUS LES POMMIERS	—	386
SOUS LES ORANGERS	variétés	320
SOUS LES TILLEULS	—	320
SUR LA PLAGE	variétés	320
TROIS CENTS PAGES	—	300
VOYAGE AUTOUR DE MON JARDIN	—	324

LÉOPOLD KOMPERT

(TRADUCTION DANIEL STAUBEN)

Nombre de pages.

LES JUIFS DE LA BOHÈME :
- Le Colporteur............ nouvelle ... 65
- Une Enfant perdue........ — ... 163
- Trenderl............. — ... 60

SCÈNES DU GHETTO :
- Là dehors devant le Ghetto.... nouvelle ... 4
- Schlemiel.............. — ... 48
- Vieille Babelé......... — ... 34
- Les Enfants du Randar...... — ... 66
- Sans autorisation......... — ... 32
- Un Conte du Ghetto........ — ... 4

GEORGES KOHN

AUTOUR DU MONDE..... ..... voyages ... 450

I.-J. KRASZEWSKY

OULANA............. .... nouvelle ... 267

LABARRIÈRE-DUPREY

AMOUR D'ALLEMAND.... ..... roman 324

LÉOPOLD LACOUR

GAULOIS ET PARISIENS :
- Le Théâtre de la Vérité ..... étude ... 131
- Le Théâtre de M. Labiche..... — ... 134
- Meilhac et Halévy......... — ... 70
- Le Théâtre de M. Gondinet.... — ... 50

TROIS THÉATRES :
- Le Théâtre de M. Émile Augier .. étude ... 87
- Le Théâtre de M. Alex. Dumas fils. — ... 110
- Le Théâtre de M. Sardou ..... — ... 109

Mme LAFARGE

Nombre de pages.

HEURES DE PRISON	mémoires	314
MÉMOIRES	—	314

H. LAFONTAINE

LES BONS CAMARADES	roman	302
L'HOMME QUI TUE	—	340
PETITES MISÈRES :		
— Nanine	nouvelle	53
— Porte-bonheur	—	112
— Noela	—	64
— Pas de chance !	—	86
— Treize à table	—	53
LA SERVANTE	roman	318

L.-P. LAFORÊT

EXPLOITS ET AVENTURES DE DÉSIRÉ COURTALIN	roman	378

A. DE LAMARTINE

ANTAR	poème	186
BALZAC ET SES ŒUVRES	étude	294
BENVENUTO CELLINI	—	329
BOSSUET	—	320
CHRISTOPHE COLOMB	—	307
CICÉRON	—	307
LE CONSEILLER DU PEUPLE, 6 vol	études	1811
CROMWELL	—	265
FÉNELON	—	297
LES FOYERS DU PEUPLE (1re série)		
— Des devoirs civils du curé	variété	22

		Nombre de pages.
— A M. le comte d'Orsay.	poésie	
— Le Cachot, conte arabe	—	4
— Sultan ou le Cheval du voyageur.	—	8
— Le Trophée d'armes orientales.	—	2
— Child Harold, fragment.	variété	4
— Discours prononcé par M. de Lamartine à un banquet offert par ses éditeurs.	—	
— Lettre à Béranger.	variété	4
— Le Coquillage.	poésie	6
— Pompéi, fragment d'un voyage à Naples.	variété	8
— Discours prononcé à la séance générale de la Société d'agriculture de Saône-et-Loire.	—	20
— Le Grillon.	poésie	6
— A propos des secondes Méditations.	variété	12
— Le Moulin de Milly	poésie	6
— La Marseillaise de la paix, ou le Rhin allemand.	poésie	10
— La Fenêtre de la maison paternelle.	poésie	2
— Les Saisons	—	4
— Souvenir.	—	6
— Lettre à M. d'Esgrigny.	variété	48
— La Pensée des morts.	—	8
— Ferrare.	poésie	2
— Le Lézard.	—	4
— Murat.	variété	44
— Salut à l'île d'Ischia.	poésie	3
LES FOYERS DU PEUPLE (2ᵉ série) :		
— Ressouvenir du lac Léman.	poésie	18
— Confidence poétique	variété	10
— La Fleur des eaux.	poésie	10
— Le Mont Blanc.	—	6
— Une entrevue avec Rossini.	variété	6
— Une visite à l'abbaye de Vallombreuse.	—	10
— Les Esprits des Fleurs.	poésie	4
— Entretien avec le lecteur	variété	16
— Les Pavots	poésie	2
— Une Conspiration.	variété	62
— Hypothèses	—	50
— La Revision	—	51

		Nombre de pages
GENEVIÈVE, histoire d'une servante... roman		288
GUILLAUME TELL............ étude		130
— Bernard de Palissy......... —		124
HÉLOISE ET ABÉLARD......... étude		112
— Milton................ —		103
HOMÈRE ET SOCRATE :		
I. Homère............. étude		118
II. Socrate............. —		95
JACQUARD................ —		122
— Gutenberg............. —		117
JEAN-JACQUES ROUSSEAU...... —		288
JEANNE D'ARC............. —		245
MADAME DE SÉVIGNÉ......... —		271
NELSON................. —		237
NOUVEAU VOYAGE EN ORIENT..... voyage		429
RUSTEM................. récit		223
SAUL................... trag. 5 a.		210
TOUSSAINT LOUVERTURE........ poème dr. 5 a.		244
— De l'émancipation des esclaves... discours		76
VIE DU TASSE............. étude		239

ALEX. LAMBERT DE SAINTE-CROIX

DE PARIS A SAN FRANCISCO...... notes de voy.		315

L'ABBÉ DE LAMENNAIS

LE LIVRE DU PEUPLE......... étude		308
PAROLES D'UN CROYANT........ —		116
— Une Voix de prison........ variété		56
I. Hymne à la Pologne...... —		3
II. La Pologne.......... —		2
III. Les Morts.......... —		3
— De l'esclavage moderne...... —		49

JULES LAN

Nombre de pages.

MÉMOIRES D'UN CHEF DE CLAQUE . . . souv. des théâtres 307

CARLE LEDHUY

LE CAPITAINE D'AVENTURE	roman	208
— La Tour des fleurs	—	86
LE FILS MAUDIT	—	319
LA NUIT TERRIBLE	biographie	223

MADAME LEE CHILDE

UN HIVER AU CAIRE . . . . voyage. . . . 326

E. LÉGÉ-BERSŒUR

CÉLÉRITÉ ET DISCRÉTION . . . . . . roman 347

PIERRE LEPAPE

LE PROCÈS DE LA COMTESSE MARCIA . roman 393

DANIEL LESUEUR

L'AMANT DE GENEVIÈVE	roman	326
LE MARIAGE DE GABRIELLE	—	280

LOUIS LÉTANG

JEAN MISÈRE	roman	308
LA BELLE HOTESSE	rom. de cape et d'épée	343
LA MARION (Suite de Jean Misère)	—	396
MONSIEUR NARCISSE	—	427
LE SECRET	—	335

PIERRE LOTI

		Nombre de pages
AZIYADÉ. . . . . roman		310
FLEURS D'ENNUI :		
— Fleurs d'ennui. . . . . nouvelle . .		179
— Pasquala Ivanovitch . . . . — . . .		68
— Voyage de quatre officiers de l'escadre internationale au Montenegro voyage. . . .		54
— Suleïma. . . . . nouvelle . . .		79
LE MARIAGE DE LOTI . . . . roman		297
MON FRÈRE YVES . . . . —		423
PÊCHEUR D'ISLANDE. . . . . — . . .		319
LE ROMAN D'UN SPAHI. . . . . — . . .		360

JACQUES LOZÈRE

LA VIE EN JAUNE :

— Kérinhac . . . . nouvelle . . .		35
— Mort d'Homme. . . . . — . . .		34
— Idylle. . . . . — . . .		20
— M. Perrochard. . . . . — . . .		12
— Histoire de Chasse . . . . — . . .		14
— Conte parisien. . . . . — . . .		8
— Le petit Bariche. . . . . — . . .		6
— La Revanche de Beauminet . . . . . — . . .		10
— M. de Nolbac. . . . . — . . .		10
— L'Ordonnance du Docteur . . . . . — . . .		12
— Le Saut de la Grille. . . . . . . — . . .		10
— Cet excellent Chevreville. . . . . — . . .		10
— Aux Champs. . . . . — . . .		6
— En Battue. . . . . — . . .		8
— Leroy-Guitel. . . . . — . . .		12
— Histoire de voleurs. . . . . — . . .		8
— Entre Hommes. . . . . — . . .		12
— Vieilles Lettres. . . . . — . . .		28
— Souvenirs d'Amour. . . . . — . . .		8
— Paysannerie. . . . . — . . .		8
— Puy-Laurin. . . . . — . . .		12
— Types du Turf. . . . . — . . .		27

ADRIEN MAGGIOLO

Nombre de pages.

ROSE-AGATHE . . . . roman . . . 245

XAVIER DE MAISTRE

VOYAGE AUTOUR DE MA CHAMBRE :
— Voyage autour de ma chambre . . fantaisie . . . 192
— Expédition nocturne autour de ma chambre. . . . . — . . 130

MARC-MONNIER

APRÈS LE DIVORCE. . . . . roman . . . 370
UN AVENTURIER ITALIEN DU SIÈCLE DERNIER. . . . . mémoires . . 356
LA CAMORRA, Mystères de Naples. . . . étude hist. . 265
UN DÉTRAQUÉ . . . . rom. expérim. 356
HISTOIRE DU BRIGANDAGE DANS L'ITALIE MÉRIDIONALE. . . . . étude hist. . 251
LE ROMAN DE GASTON RENAUD. . . . . roman 378

X. MARMIER

DE L'ACADÉMIE FRANÇAISE

AU BORD DE LA NÉVA. . . . . contes russes. 339
— Un Héros de notre temps, d'après Lermontoff. . . . . nouvelle . . . 206
— Le Manteau, d'après Nicolas Gogol. — . . . 57
— La Pharmacienne, d'après le comte Sollohoub. . . . . — . . . 74
LES DRAMES DU CŒUR :
— Le Tentateur. . . . . — . . . 174
— Cimarosa. . . . . — . . . 15
— Anne-Marie. . . . . — . . . 87

		Nombre de pages
LES DRAMES INTIMES :		
— Lioudmila, par Polevoï. . . . . . . nouvelle . . .		68
— Histoire de deux Galoches, par le comte Sollohoub. . . . . — . . .		93
— L'Examen, par Bestouchef. . . . . — . . .		30
— Une agréable découverte, par le baron de Korf. . . . . — . . .		80
— La Fontaine de Baktschisaraï, par Pouchkine. . . . . poème. . . .		13
UNE GRANDE DAME RUSSE :		
— Une grande Dame russe, par Vonliarliarski. . . . . roman. . . .		173
— La Nuit du 28 septembre. . . . . . nouvelle . . .		138
HISTOIRES ALLEMANDES ET SCANDINAVES :		
— Le Départ de l'Émigrant, scène de la Forêt-Noire. . . . . nouvelle . . :		17
— L'Expiation. . . . . — . . .		50
— Civilisation et Barbarie. . . . . . . — . . .		42
— La Juive. . . . . — . . .		51
— Le Caporal Sigurd. . . . . — . . .		50
— Le Vase d'or. . . . . — . . .		45
— Une Nuit dans une maison de jeu de la Californie. . . . . — . . .		23
— La Caisse d'Épargne. . . . . — . . .		25
LES SENTIERS PÉRILLEUX :		
— Une Aventure en chemin de fer. . nouvelle . .		43
— La Pupille. . . . . — . . .		82
— Le Peintre de portraits. . . . . . . — . . .		46
— Un Roman inachevé. . . . . — . . .		36
— Vivre ou mourir. . . . . — . . .		42
— Le Joueur du Mississipi. . . . . . — . . .		58
— Le Rouet d'or. . . . . — . . .		16

MAX O'RELL

LES CHERS VOISINS !. . . . . étud. de mœurs		370
JOHN BULL ET SON ILE . . . . —		318
LES FILLES DE JOHN BULL. . . . . . —		235

CAPITAINE MAYNE-REID

Nombre
de pages

LES CHASSEURS DE CHEVELURES. . . . roman 351

PROSPER MÉRIMÉE

ŒUVRES COMPLÈTES

CARMEN	nouvelle . . .	106
— Arsène Guillot.	— . . .	86
— L'abbé Aubain.	— . . .	28
— La Dame de pique.	— . . .	58
— Les Bohémiens.	— . . .	24
— Le Hussard	— . . .	8
— Nicolas Gogol	— . . .	49
CHRONIQUE DU RÈGNE DE CHARLES IX.	roman	236
— La double méprise.	nouvelle . .	88
— La Guzla.	ballades . . .	116
COLOMBA.	roman	241
— La Vénus d'Ille	nouvelle . . .	54
— Les Ames du purgatoire.	— . . .	6
LES COSAQUES D'AUTREFOIS :		
— Bogdan Chmielnicki	— . . .	294
— Stenka Razine.	— . . .	75
DERNIÈRES NOUVELLES :		
— Lokis	nouvelle . . .	119
— Il viccolo di madama Lucrezia. . .	— . . .	64
— La Chambre bleue.	— . . .	40
— Djoumane.	— . . .	34
— Le Coup de pistolet.	— . . .	20
— Federigo.	— . . .	28
— Les Sorcières espagnoles.	— . . .	31
LES DEUX HÉRITAGES	— . . .	125
— L'Inspecteur général.	— . . .	138
— Les Débuts d'un aventurier	— . . .	106

		Nombre de pages.
ÉPISODE DE L'HISTOIRE DE RUSSIE (les faux Démétrius).	variétés	452

ÉTUDES SUR LES ARTS AU MOYEN AGE :

— Essai sur l'architecture religieuse au moyen âge, particulièrement en France.	variété	53
— L'Église de Saint-Saffin et ses peintures murales.	—	164
— L'Architecture militaire au moyen âge	—	83
— Constantinople en 1403.	—	36
— Le Retable de Bâle.	—	10
— Album de Villard de Honnecourt.	—	22
— Les Couronnes du musée de Cluny.	—	5

ÉTUDES SUR L'HISTOIRE ROMAINE :

— Essais sur la guerre sociale	étude	222
— La Conjuration de Catilina.	—	198

LETTRES A M. PANIZZI, 2 volumes	correspondance	805
LETTRES A UNE INCONNUE, 2 volumes	—	744
LETTRES A UNE AUTRE INCONNUE.	—	253

MÉLANGES HISTORIQUES ET LITTÉRAIRES :

— Les Mormons	variétés	58
— Les Cosaques de l'Ukraine.	—	32
— Un tombeau découvert à Tarragone.	—	16
— De l'histoire ancienne de la Grèce.	—	14
— L'Hôtel de Cluny.	—	16
— De la littérature espagnole.	—	28
— Les Romains sous l'Empire.	—	34
— Mémoires d'une famille huguenote.	—	20
— De l'enseignement des Beaux-Arts.	—	24
— Restauration du Musée du Louvre.	variété	16
— Vie de César-Auguste.	—	12
— Les Joyaux de Louis, duc d'Anjou.	—	11

		Nombre de pages.
MOSAIQUE :		
— Mateo Falcone............	nouvelle...	31
— Vision de Charles XI.........	— ...	16
— L'Enlèvement de la redoute....	— ...	14
— Tamango...............	— ...	42
— La Perle de Tolède.........	— ...	6
— La Partie de trictrac........	— ...	34
— Le Vase étrusque..........	— ...	43
— Les Mécontents...........	— ...	71
— Lettres adressées d'Espagne....	variété...	77
PORTRAITS HISTORIQUES ET LITTÉRAIRES :		
— Cervantès..............	étude.....	55
— Victor Jacquemont..........	— ...	22
— Henri de Guise............	— ...	34
— Charles Nodier............	— ...	36
— J.-J. Ampère.............	— ...	10
— Henri Beyle (Stendhal).......	— ...	38
— Théodore Leclercq..........	— ...	10
— Alexis de Valon...........	— ...	6
— Alexandre du Sommerard......	— ...	8
— Froissart...............	— ...	6
— Brantôme...............	— ...	46
— Charles Lenormand.........	— ...	20
— Edward Ellice............	— ...	6
— Alexandre Pouchkine........	— ...	42
— Ivan Tourguénef...........	— ...	18
THÉATRE DE CLARA GAZUL :		
— Les Espagnols en Danemarck...	pièce....	67
— Une femme est un diable, ou la Tentation de saint Antoine...	— ...	16
— L'Amour africain..........	— ...	11
— Inès Mendo, ou le Préjugé vaincu.	— ...	23
— Inès Mendo, ou le Triomphe du Préjugé.................	— ...	36
— Le Ciel et l'enfer..........	— ...	18
— L'Occasion..............	— ...	35
— Le Carrosse du Saint-Sacrement..	— ...	4
— La Jacquerie.............	— ...	159
— La Famille de Carvajal.......	— ...	35

J. MÉRY
— ŒUVRES COMPLÈTES —

		Nombre de pages.
UN AMOUR DANS L'AVENIR	roman	212
— Maria	nouvelle	68
— Le Gladiateur	—	12
— La Punition	—	4
ANDRÉ CHÉNIER	roman	323
L'ASSASSINAT, (une nuit du Midi)	drame	240
— Promenade dans Florence	variété	31
— Un souvenir de l'adolescence	nouvelle	14
LE BONNET VERT	roman	170
— L'Ame transmise	nouvelle	70
— Van Dyck au palais Brignole	—	26
— La Popularité	variété	5
UN CARNAVAL DE PARIS	roman	253
LA CHASSE AU CHASTRE	nouvelle	10
Le Savant et le Crocodile	variété	38
— Le Rat	—	26
— Un Chat, deux chiens, une perruche, un nuage d'hirondelles	—	48
— Le Coq et la poule	—	40
— Les Abeilles	—	30
— Une chasse au tigre	—	13
— Les Éléphants	nouvelle	43
LE CHATEAU DE LA FAVORITE	—	102
— Un Musicien couronné	variété	84
— Potsdam et Sans-Souci	—	16
— La Wilhelma	—	32
— Les Châteaux de Rihaupierre	—	10
— La Parisienne à Bade	—	12
— Le Vieux Château à Bade	—	6
— Les Trois ages de Bade	—	17

		Nombre de pages.
LE CHATEAU DES TROIS TOURS. . . .	nouvelle . . .	61
— Les Nuits de Bade.	— . . .	23
— Eléphants et Monstres.	— . . .	70
— Les Pyramides et le grand sphinx.	— . . .	28
— La Vie au désert	— . . .	46
— Souvenir de voyages.	— . . .	9
— Une Nuit de terreur.	— . . .	61
LE CHATEAU VERT :		
— Une Amie de pension	— . . .	23
— Adrienne Chenevier	— . . .	33
— Ventre affamé a des oreilles. . . .	— . . .	21
— Bourguignon en Egypte	— . . .	43
— Un Fait-Paris d'hier.	— . . .	21
— Chronique du Bosphore	— . . .	27
— Un Couple affreux.	— . . .	27
— Le Climat de Paris.	variété . . .	13
— Le Joueur d'échecs	— . . .	17
— Variations de l'Eglise française. . .	— . . .	14
— Deux historiens	— . . .	8
— Ubiquité de l'Angleterre	— . . .	10
— Les Païens de 1842	— . . .	20
— Mademoiselle Rachel au théâtre Chave	— . . .	15
LA CIRCÉ DE PARIS	roman	248
LA COMTESSE ADRIENNE.	— . . .	223
— Le Bonheur des grandes artistes . .	variété. . . .	58
— Une chaumière sous la Restauration	— . . .	16
— Une audience de Méhémet-Ali . . .	— . . .	13
LA COMTESSE HORTENSIA	roman	203
UNE CONSPIRATION AU LOUVRE. . . .	— . . .	256
— Une Commune.	variété. . .	16
— Ce qu'on verra.	nouvelle . . .	49
LA COUR D'AMOUR.	roman	275
UN CRIME INCONNU	— . . .	250
LES DAMNÉS DE L'INDE.	— . . .	330
DÉBORA, voir LA JUIVE AU VATICAN. . . .	— . . .	276
LE DERNIER FANTOME.	roman	192
— Voisin et voisine.	nouvelle . . .	93

		Nombre de pages.
LES DEUX AMAZONES.	roman	138
— La Famille Dherbier	nouvelle	74
— Causeries	variété	28
LA FLORIDE, voir HÉVA	roman	292
LA GUERRE DU NIZAM, voir HÉVA	—	363
HÉVA.	—	271
— Série : 1° Héva. — 2° La Floride.		
— 3° La guerre du Nizam.		
UNE HISTOIRE DE FAMILLE.	roman	239
— Paris futur.	variété	18
— La Terre bouleversée	—	9
— Suites d'une bonne action	nouvelle	15
— Un théâtre bourgeois	variété	8
— Albert de Kerbriant	nouvelle	19
HISTOIRE D'UNE COLLINE	—	127
UN HOMME HEUREUX.	roman	294
LES JOURNÉES DE TITUS	variétés	370
LA JUIVE AU VATICAN.	roman	288
— Série : 1° La Juive au Vatican.		
— 2° Débora.		—
UN MARIAGE DE PARIS.	—	200
— Scènes de la vie parisienne	variété	9
— Un Voyage aérien	nouvelle	22
MARSEILLE ET LES MARSEILLAIS.	variétés	308
MARTHE LA BLANCHISSEUSE (la Vénus d'Arles).	roman	154
— Le Pendant de la Vénus d'Arles.	nouvelle	23
— Paris avant, pendant et après	variété	50
— Les Sept cascades	nouvelle	67
MONSIEUR AUGUSTE	roman	273
LES MYSTÈRES D'UN CHATEAU	—	174
— La Divinité intervient au denouement	nouvelle	5
— Steinbach	variété	8
— Achern	—	3
— L'Orpheline de Solférino.	nouvelle	99

NOUVEAU THÉATRE DE SALON :

		Nombre de pages.
— La Comédie chez soi.	com. 1 acte.	34
— Une Éducation.	—	34
— M. Rousseau.	—	40
— Comédiens et diplomates.	com. 2 actes.	96
— Gloire et amour.	com. 1 acte.	35
— Le Récit de Théramène.	parodie vers.	15
— La Soubrette de Clairon.	com. 1 acte.	44
— Le Prix de famille.	com. enfantine.	25

LES NUITS ANGLAISES :

— Le Château d'Udolphe	nouvelle	21
— Boudha-Var.	—	52
— Histoire d'une colline.	—	82
— Bonheur d'un millionnaire.	—	35
— Les Nuits d'été à Londres.	variété.	10
— Physionomie de Manchester.	—	17
— Anglais et Chinois.	nouvelle.	82
— Un Acte de désespoir.	—	20

LES NUITS ESPAGNOLES :

— Vivre aux étoiles.	nouvelle.	12
— La Villa Amorosa.	—	22
— La Belle étoile.	—	38
— Le Château des Trois-Tours.	—	8
— La Dame noire.	—	11
— Don José de Ribéra.	—	20
— La Planète et ses satellites.	—	15
— Lively Kopson.	—	21
— Les Étoiles nébuleuses.	—	10
— Un Problème astronomique.	—	8
— Rosaire et reliquaire.	—	35
— Giovanni et Margellina.	—	4
— La Bonne étoile.	—	8
— Dona Jacintha.	—	22
— Bianca.	—	10
— Gaston de Vannier.	—	12
— Le Baron de Mornas.	—	8
— Maria.	—	11
— La Ceinture des Grâces.	—	6
— Valérie Sedon.	—	13
— Le Médaillon.	—	18

		Nombre de pages.
LES NUITS ITALIENNES :		
— Italie	variété	38
— L'Atelier de Bartolini	—	12
— Pise	—	24
— Florence	nouvelle	18
— Sampietro	variété	16
— Chapitre des albums	—	14
— De Florence à Rome	—	34
— Une Visite à la mère de l'Empereur	—	12
— Les Tombeaux des Scipions	—	8
— Le Vatican	—	20
— Les Italiens de Rome	—	12
— Antiquités modernes	—	8
— Antonio Gasperoni	nouvelle	18
— Comme on s'instruit en voyageant	variété	12
— La Norma au Carlo-Felice	—	10
— Souvenirs	—	20
— L'Italie des Gaules	—	32
LES NUITS PARISIENNES :		
— La Sieste	nouvelle	13
— Simple histoire	—	12
— Une Nuit au Colysée	—	16
— Les Nuits de Frascati	—	38
— Les Lunariens	—	18
— Après Constantine	—	16
— Journal d'un humoriste	variétés	32
— Une Nuit de Henri IV	—	10
— Les Nuits sinistres	nouvelle	22
— Carnet d'artiste	variété	24
— Une Nuit à table	nouvelle	22
— Nuits lyriques	variété	16
— Histoire d'un brick naufragé	nouvelle	12
— Voyage au Palais-Royal	—	72
LE PARADIS TERRESTRE	roman	240
— Le Naufrage du Duroc	nouvelle	25
RAPHAEL ET LA FORNARINA	roman	205
— L'Horloge de M. Charlet	nouvelle	36
— Les Comètes	variété	22
— Les Comètes au jeu	—	16
— Une Ville inconnue et ses environs	—	18

		Nombre de pages.
SALONS ET SOUTERRAINS DE PARIS	roman	313
THÉATRE DE SALON :		
— Après deux ans	com. en 1 acte.	30
— La Coquette	—	45
— Aimons notre prochain	parabole 1 act.	31
— Le Château en Espagne	c., 1 act., en v.	45
— Être présenté	com. en 1 acte.	38
— La Grotte d'azur	légende en vers	17
— Une Veuve inconsolable	com. 4 parties	81
— L'Essai du mariage	com. en 1 acte.	48
TRAFALGAR	roman	309
LE TRANSPORTÉ	—	294
LES UNS ET LES AUTRES :		
— Rachel à vingt ans	variété	24
— Les Jeunes de 1827	—	24
— Un Souvenir de Rome, 1834	—	14
— Un Voyage à Oxford	—	34
— Souvenirs d'une lecture du Talmud	—	22
— Une Campagne dans le Palatinat	—	20
— Une Œuvre de Meyerbeer	—	13
— Souvenir d'enfance à Marseille	—	22
— Gérard de Nerval	—	38
— Une Première représentation à Paris	—	12
— Le Cheval parisien	—	21
— Le Chapitre des chapeaux	—	20
— Promenade au Jardin des Plantes	—	13
— Mohammed et Bumbinah	—	25
— Lackistes et meetings	—	20
URSULE	roman	279
LA VIE FANTASTIQUE	—	290

JULES MICHELET

L'AMOUR	étude	455
LE BANQUET	variétés	306
BIBLE DE L'HUMANITÉ	étude	486
L'ÉTUDIANT	—	322

		Nombre de pages.
LA FEMME. . . . . étude	. . .	460
LES FEMMES DE LA RÉVOLUTION . . . —	. . .	367
HISTOIRE DU XIX⁰ SIÈCLE, 3 vol. :		
— ORIGINE DES BONAPARTE. . . . . histoire.	. . .	462
— JUSQU'AU 18 BRUMAIRE. . . . . . —	. . .	404
— JUSQU'A WATERLOO. . . . . —	. . .	489
HISTOIRE ROMAINE, 2 volumes . . . . —	. . .	781
INTRODUCTION A L'HISTOIRE UNIVERSELLE. . . . . —	. . .	248
LÉGENDES DÉMOCRATIQUES DU NORD :		
— Pologne et Russie . . . . variétés	. . .	118
— Les Martyrs de la Russie . . . . . —	. . .	139
— Principauté Danubienne . . . . . . —	. . .	106
LA MER . . . . variétés	. . .	426
LE PEUPLE. . . . . —	. . .	309
PRÉCIS D'HISTOIRE MODERNE. . . . . étude histor.	. .	432
LE PRÊTRE, LA FEMME ET LA FAMILLE variétés	. . .	312
LES SOLDATS DE LA RÉVOLUTION :		
— Le Monument de la Révolution . . —	. . .	8
— La Légende d'Or. . . . . —	. . .	10
— Nos Armées républicaines . . . . . —	. . .	14
— Latour d'Auvergne. . . . . —	. . .	42
— Les Généraux de la République . . —	. . .	20
— Desaix . . . . —	. . .	26
— Hoche. . . . . —	. . .	74
— Les Guerres de délivrance. . . . . —	. . .	26
— Mameli . . . . —	. . .	52
— Le Soldat citoyen . . . . —	. . .	6
LA SORCIÈRE . . . . —	. . .	445

EUGÈNE DE MIRECOURT

A FEU ET A SANG . . . . roman	. . . .	169
— L'Ange du repentir . . . . nouvelle	. . .	47
— Jehan le Borgne. . . . . —	. . .	84
— Le Billet de loterie . . . . —	. . .	36

		Nombre de pages.
ANDRÉ LE SORCIER . . . . roman	. . .	269
UN ASSASSIN. . . . . —	. . .	267
LA BOHÉMIENNE AMOUREUSE. . . . . —	. . .	330
COMMENT LES FEMMES SE PERDENT . . —	. . .	293
— *Série* : 1° Comment les femmes se perdent. — 2° La marquise de Courcelles.		
CONFESSIONS DE MARION DELORME, 3 volumes. . . . . —	. . .	993
CONFESSIONS DE NINON DE LENCLOS 3 volumes. . . . . —	. . .	820
LE DERNIER BAISER. . . . . —	. . .	211
LE FOU PAR AMOUR. . . . . —	. . .	182
— La Clef de communication. . . . . nouvelle	. . .	34
— Histoire d'une jeune fille et d'un rosier. . . . . —	. . .	34
— Carle Vanloo. . . . . —	. . .	29
UN MARIAGE SOUS LA TERREUR. . . . roman	. . .	304
LE MARI DE MADAME ISAURE. . . . . —	. . .	226
— Une Actrice d'un jour. . . . . . . nouvelle	. . .	50
LA MARQUISE DE COURCELLES, *voir* COMMENT LES FEMMES SE PERDENT. . . . roman	. .	310
MASANIELLO, LE PÊCHEUR DE NAPLES. roman	. . .	304

FLORENCE MONTGOMMERY

L'HÉRITIÈRE . . . . roman	. . .	508

HENRI MURGER
ŒUVRES COMPLÈTES

LES BUVEURS D'EAU. . . . . roman	. . .	351
LE DERNIER RENDEZ-VOUS. . . . . . —	. . .	105
— La Résurrection de Lazare. . . . —	. . .	206

		Nombre de pages.
DONA SIRÈNE.	nouvelle . . .	113
— Le Mât de cocagne	— . . .	38
— Fragments du journal d'un Anonyme	— . . .	12
— Son Excellence Gustave Colline . .	— . . .	66
— Les Derniers Buveurs d'eau	— . . .	42
— Propos de dessert du souper de Valentin	— . . .	18
— La Grande marée	— . . .	10
— A propos des sauvages	variété. . . .	4
MADAME OLYMPE.	nouvelle . . .	100
— Comment on devient coloriste . . .	— . . .	24
— Une Victime du bonheur.	— . . .	46
— La Fleur bretonne.	— . . .	18
— Le Fauteuil enchanté	— . . .	14
— Christine	— . . .	34
— Entre quatre murs.	— . . .	16
— Premières amours du jeune Bleuet.	— . . .	18
LES NUITS D'HIVER	poésies. . . .	246
LE PAYS LATIN	roman	353
PROPOS DE VILLE ET DE THÉATRE. . .	variété. . . .	78
— Un Réveillon à la Maison-d'Or . . .	— . . .	12
— Les Intrigues et les intrigants. . .	— . . .	1
— Fantaisies à propos de l'hiver. . .	— . . .	32
— Les Soupers de bal	— . . .	35
— Le Monsieur s'occupant de littérature	— . . .	5
— Le Charançon	— . . .	6
— Le Rédacteur pour tout faire . . .	— . . .	7
— Le Caudataire	— . . .	4
— Les Jérémies	— . . .	6
— Un succès de première	— . . .	7
— Notes de voyage	— . . .	59
— Mademoiselle Rachel	— . . .	4
— Émile Augier.	— . . .	12
— L'Esprit du jour.	— . . .	2
ROMAN DE TOUTES LES FEMMES	nouvelle . . .	65
— Stella.	— . . .	88
— Margareth	— . . .	30
— Le Mausolée.	— . . .	44
— Le Stabat Mater	— . . .	14
— La Biographie d'un inconnu	— . . .	10

		Nombre de pages.
LES ROUERIES DE L'INGÉNUE. . . . . . roman		179
— La Scène du gouverneur. . . . . . . —		44
— La Nostalgie. . . . . —		74
— Les Sirènes. . . . . —		11
LE SABOT ROUGE . . . . roman. . . .		303
SCÈNES DE CAMPAGNE (Adeline Protat). —		343
SCÈNES DE LA VIE DE BOHÈME . . . . —		318
SCÈNES DE LA VIE DE JEUNESSE :		
— Le Souper des funérailles . . . . . nouvelle . . .		95
— La Maîtresse aux mains rouges . . . —		18
— Le Bonhomme Jadis . . . . —		43
— Les Amours d'Olivier . . . . —		70
— Un poète de gouttières . . . . . . —		14
— Le Manchon de Francine . . . . . —		46
LES VACANCES DE CAMILLE . . . . . . roman		206

PAUL DE MUSSET

ANNE BOLEYN, 2 vol. . . . . roman		626
LA BAVOLETTE. . . . . nouvelle . . .		148
— Fleuranges. . . . . — . . .		83
— Deux mois de séparation. . . . . . — . . .		68
LE MAITRE INCONNU, 2 volumes. . . . roman		503
PUYLAURENS . . . . —		320
LE BRACELET . . . . roman		308
LA CHÈVRE JAUNE :		
— Le Cavalier servant . . . . nouvelle . . .		179
— Procès de Pascal Zioba. . . . . . . — . . .		233
EN VOITURIN (en Italie et en Sicile). . . voyage		312
SAMUEL . . . . roman		318
LA TABLE DE NUIT, équipées parisiennes :		
— Rodolphe. Histoire inconvenante . . nouvelle . . .		69
— Ce que veut une femme, Dieu le veut. Histoire mystérieuse. . . . . . . — . . .		41
— Le Précepteur. Histoire sentimentale. — . . .		64
— Les Facéties d'un homme mort. Histoire exagérée . . . . — . . .		57

		Nombre de pages
— La Main malheureuse. Histoire triste.	nouvelle	32
— L'Homme perplexe. Histoire fashionable.	—	40

GÉRARD DE NERVAL
— ŒUVRES COMPLÈTES —

LES DEUX FAUST DE GŒTHE :
- Faust . . . . pièce 177
- Le second Faust . . . . — 113
- Poésies allemandes :
- Notice sur les poètes allemands . . étude 15
- Gœthe . . . . — . . . 23
- Schiller . . . . — . . . 35
- Klopstock . . . . — . . . 16
- Burger . . . . — . . . 15
- Poètes divers . . . . — . . . 38
- Henri Heine . . . . — . . . 43

LES ILLUMINÉS :
- Le roi de Bicêtre (Raoul Spifame). nouvelle . . . 13
- Les Confidences de Nicolas (Restif de la Bretonne) . . . . — . . . 147
- Cazotte . . . . — . . . 53
- Cagliostro . . . . — . . . 17
- Quintus Aucler . . . . — . . . 31
- Les Successeurs d'Icare . . . . . — . . . 10
- Les Faux Saulniers :
- Angélique . . . . — . . . 136
- Histoire de l'abbé de Bucquoy . . — . . . 53

LORELY (Souvenirs d'Allemagne) . . . voyage 372
LE MARQUIS DE FAYOLLE . . . . roman 292
POÉSIES COMPLÈTES . . . . poésies 311
LE RÊVE ET LA VIE :
- Aurélia . . . . nouvelle 74

LES FILLES DU FEU :
- A Alexandre Dumas . . . . fantaisie . . . 12
- Sylvie, souvenirs du Valois . . . nouvelle . . . 50
- Jemmy . . . . — . . . 29
- Octavie, ou l'Illusion . . . . . . — . . . 9

		Nombre de pages.
— Isis, souvenirs de Pompéi.	nouvelle	19
— Émilie, souvenirs de la Révolution française.	—	25
LA BOHÈME GALANTE :		
— La Main enchantée.	—	41
— Le Monstre vert.	—	7
— Petits chateaux de Bohème	—	11
— Les Poètes du xvie siècle	fantaisie	31
— Explications	—	1
— Musique.	—	4
— Mes Prisons.	nouvelle	10
— Les Nuits d'octobre	—	36
— Promenades et Souvenirs	—	28
VOYAGE EN ORIENT, 2 volumes	voyages	837
— Souvenirs d'Allemagne, Lorely.	—	133

BARON DE NERVO

CALCHAS II, SA DYNASTIE, SON EMPIRE.	roman	281
LES CONFIDENCES D'UNE HIRONDELLE.	Histoire russe	294
LA DUCHESSE DE PUERTO-REAL	roman	206
LUCIA OU LA STATUE DE MONT-CASSIN.	roman	284
MÉMOIRES DE MON COUPÉ.	—	324
NOTES D'ALBUM	variétés.	114
SOUVENIRS DE MA VIE.	mémoires	325
LES TROIS AGES DE LA VIE.	roman	389
LES TROIS DANSEURS DE VALENTINE.	—	305

LE VICOMTE DE NOÉ

LES BACHI-BOZOUKS ET LES CHASSEURS D'AFRIQUE.	études	254

JULES NORIAC

ŒUVRES COMPLÈTES

LA BÊTISE HUMAINE	roman	280
LE CAPITAINE SAUVAGE.	—	386

		Nombre de pages.
LE 101ᵉ RÉGIMENT.	fantaisie . . .	270
LE CHEVALIER DE CERNY, voir LA FALAISE D'HOULGATE.	roman	330
LA COMTESSE DE BRUGES, voir LA FALAISE D'HOULGATE	—	371
LA DAME A LA PLUME NOIRE	—	294
DICTIONNAIRE DES AMOUREUX.	fantaisie . . .	268
LA FALAISE D'HOULGATE	roman	304
Série : 1° La Falaise d'Houlgate. — 2° La Comtesse de Bruges. — 3° Le Chevalier de Cerny.		
LES GENS DE PARIS.	fantaisie . . .	347
LE GRAIN DE SABLE.	roman	283
JOURNAL D'UN FLANEUR.	—	311
MADEMOISELLE POUCET	—	337
LA MAISON VERTE.	—	249
— La Grande Veuve.	nouvelle . . .	75
MÉMOIRES D'UN BAISER	roman	250
PARIS TEL QU'IL EST :		
— Une Dépêche Télégraphique.	variétés	7
— Un Reporter.	—	7
— Les Mangeurs de Nez	—	5
— Jadis et Aujourd'hui.	—	5
— Les deux Gendarmes d'Uri.	—	3
— L'Homme au Sou	—	3
— Une Révolution pour les Femmes .	—	3
— Petits Mystères de la Claque. . . .	—	11
— Guerre entre les deux Faubourgs .	—	5
— Le Nécrologiste	—	13
— Un peu de High-Life.	—	5
— Les Petits Oiseaux.	—	3
— La Rosière des Batignolles.	—	5
— La Rosière de Suresnes	—	2
— Actrice et Grande Dame.	—	4
— Un Théâtre de l'Avenir	—	2
— Les Faux Pauvres	—	8
— Tableaux Vivants	—	3
— Le Murillo volé	—	2

		Nombre de pages.
— Une Histoire de Gentilhomme	variétés	8
— Le Jeu	—	6
— Les Folles	—	10
— La Question des Diamants	—	20
— Petits bonheurs du Deuil	—	5
— Scènes de la Vie Balnéaire	—	6
— Comment on discipline les Musiciens	—	4
— Paris est-il un Gargantua ?	—	5
— Un Duel russe	—	3
— Faux Nobles et Chauves	—	4
— Un Marchand de Tableaux	—	3
— Témoin de tout le Monde	—	2
— Comédiens Errants	—	5
— L'Éducation d'un Vicomte	—	6
— Louis-Philippe et Marie-Amélie	—	5
— Le Duc de Brunswick	—	8
— A propos du Shah de Perse	—	5
— Théodore Barrière	—	4
— Pepita Sanchez	—	3
— Henri Murger	—	2
— Les Amis d'Henri Murger	—	12
— Naundorff	—	3
— Jules Janin	—	3
— Félix Pigeory	—	2
— Bertall	—	2
— Lise Tautin	—	2
— Armand Barthet	—	7
— Miss Amy Sheridan	—	4
— Alfred Quidant	—	3
— Edmond Viellot	—	9
— Michelet	—	2
— Louis d'Avyl	—	7
— La Reine Pomaré	—	4
— Madame Thierret	—	3
— En fumant un cigare	nouvelle	27
LES PLUMEURS D'OISEAUX :	—	23
— Madame Durand	—	14
— Mon ami Jacques	—	16
— La Loge d'un ministre	—	15
— L'Ami d'Hector	—	18
— C'est bon pour les Bourgeois	—	13
— Le Mariage de la Marquise	—	16

DE REPRODUCTIONS 123

		Nombre de pages.
— La Neige.	variétés	20
— Les Donateurs de l'Institut.	—	8
— Les Baudruchard et les Durançon.	—	12
— Souvenirs du Divan	—	8
— La côte normande.	—	4
— Paris et les Provinciaux.	—	8
— Le Ballon captif.	—	6
— Aux Désespérés.	—	14
— Saint Pierre et le Bossu	—	16
— La Question des petits oiseaux.	—	6
— Souvenirs intimes.	—	14
— Comment se font les réjouissances publiques	—	8
— A propos du Shah de Perse	—	8
— Un Drame parisien.	—	12
— Giroud Gatebourse.	—	9
— La Scie du Bulgare	—	11
— La Légende de Chabannais.	—	8
— Les trois trous de M. Canler.	—	4
— La Question des Blondes.	—	6
— Gustave Courbet.	—	19
— Victoria, reine d'Angleterre.	—	5
— François Bazin et Razoua.	—	6
— Madame la comtesse Duchâtel	—	10
— Madame la princesse de Metternich.	—	5
— Mademoiselle Tallandiéra.	—	2
— Méry	—	5
— Ponson du Terrail.	—	1
— Clairville.	—	6
— Nestor Roqueplan	—	4
— Sur l'asphalte.	—	12

SUR LE RAIL :

— Un Drame dans une cage	nouvelle	16
— Le Voisin de ma voisine.	—	12
— Le Vaudeville de la mort	—	24
— Les Chevaliers de l'amour.	—	26
— Ce que coûte un cigare de cinq sous	—	14
— Le Passé défini	—	13
— Les Salviati.	—	10
— Les Cercles de Paris.	variété	33
— Le Cercle en province.	—	17
— Une économie bien entendue.	nouvelle	16

		Nombre de pages.
— L'Homme au sac. . . . . nouvelle . . .		12
— Notes perdues par un voyageur égaré. . . . . variété. . . .		21

LAURENCE OLIPHANT

VOYAGE PITTORESQUE D'UN ANGLAIS EN RUSSIE. . . . . voyage. . . .		304

CHARLES D'OSSON

BRELAN DE DOCTEURS. . . . . roman		338
LA CHASSE A L'HÉRITIÈRE. . . . . . . —		340
LA COMTESSE MÉTELLA . . . . —		296
FIDÉLIO . . . . —		314

OUIDA

DANS UNE VILLE D'HIVER . . . . roman		335
DEUX PETITS SABOTS . . . . —		149
— La Branche de lilas. . . . . —		80
— Une Feuille dans l'ouragan . . . . —		40
— Nello et Patrasche. . . . . —		48

ÉDOUARD PAILLERON

AMOURS ET HAINES . . . . poésies. . . .		240
LE THÉATRE CHEZ MADAME . Théâtre et poésies . . .		202

PARIA KORIGAN

RÉCITS DE LA LUÇOTTE . . . . nouvelles		
— Le Bers. . . . . — . . .		13
— Ous qu'il est fait mention de la chose qu'on n'sait . . . . — . . .		16
— Le Conscrit Yvonnec Kerségaz. . . — . . .		16
— La Luçotte, ses affutiaux et ses chèvres. . . . . — . . .		14
— La Nanon . . . . — . . .		18

		Nombre de pages.
— Le Cheval embourbé. . . . . nouvelle	. . .	10
— Les Trois Innocents . . . . —	. . .	32
— La fille qui pend qui veut la pendre —	. . .	18
— Monsieur Zéphir Cocu . . . . —	. . .	24
— Le Cousin de la Pinaude. . . . . . —	. . .	8
— Margot Péé. . . . . —	. . .	14
— Faut ben durer!. . . . . —	. . .	12
— La Fille amoureuse pour de vrai. . —	. . .	14
— Le Péché de monsieur le marquis . —	. . .	14
— Trois histoires de forçats . . . . . —	. . .	24
— Le Bâtard. . . . . —	. . .	36
— Rose Lamoureux . . . . —	. . .	26
— L'Idiot. . . . . —	. . .	16
— Le p'tiot Jaloux . . . . —	. . .	18

LYDIE PASCHKOFF

LA PRINCESSE VÉRA GLINSKY . . . . . roman	. . .	147
— La Niania Marpha . . . . nouvelle	. . .	20
— Un Divorce en Russie . . . . —	. . .	87

THÉODORE PAVIE

RÉCITS DE TERRE ET DE MER :

— Antonina, récit des bords de la Plata. voyage	. . .	34
— Les Makouas, récit de la côte de Madras . . . . —	. . .	34
— Joaquin, récit des Algarves . . . . —	. . .	64
— El Nino de la Rollona, récit des bords du Guadalquivir. . . . . . —	. . .	34
— Gretchen, récit de la haute mer. . —	. . .	60
— Manoëla, récit des Açores. . . . . —	. . .	36
— La Vision de Pao-ly. . . . . —	. . .	24
— La Loca Cuerda, récit de la côte du Chili . . . . —	. . .	55

SCÈNES ET RÉCITS DES PAYS D'OUTRE-MER :

— Ismaël Er-Raschydi, récit des bords du Nil . . . . —	. . .	43
— Bataillon, histoire de la Pampa . . —	. . .	32

		Nombre de pages.
— Les Babouches du brahmane, scène de la vie anglo-hindoue.....	voyage....	27
— Une Chasse aux nègres marrons...	— ...	40
— Les Nincheyras, dernier chapitre de l'histoire d'indépendance du Chili.	— ...	43
— La Peau d'ours, souvenirs des bords de la Sabine.......	— ...	41
— Sougandhie, histoire indienne...	— ...	8
— Yu-ki le magicien, légende chinoise.	roman ...	24
— Rosita, histoire péruvienne....	— ...	49
— Chérumal le Mahout, récit de la côte de Malabar........	— ...	47
— Pépita, récit de la Pampa......	— ...	47
— Padinavati, récit de la côte de Coromandel............	— ...	51

PAUL PERRET

L'AMIE DE LA FEMME........	roman....	319
L'AMOUR ÉTERNEL..........	nouvelle...	82
— Le Pain d'autrui.........	— ...	106
— Christiane...........	— ...	23
LES AMOURS SAUVAGES.......	roman....	315
LA BAGUE D'ARGENT.........	— ...	333
LES BOURGEOIS DE CAMPAGNE.....	— ...	315
LE CHATEAU DE LA FOLIE......	— ...	351
LES ÉNERVÉS :		
— Les Vaudremer..........	nouvelle...	130
— Le Vieil Anthelme........	— ...	222
L'HÉRITAGE DE L'USURIER......	— ...	174
— Arabelle............	— ...	120
HISTOIRE D'UNE JOLIE FEMME.....	roman....	305
MADAME VALENCE..........	— ...	335
LE MARIAGE EN POSTE........	nouvelle...	114
— Histoire d'un Violon.......	— ...	89
— La Grande Cousine.......	— ...	110

		Nombre de pages.
LES MISÈRES DU CŒUR . . . . nouvelle . . .		101
— Les Yeux d'or. . . . . —		154
— Le Supplice d'une honnête femme . —		35
NI FILLE NI VEUVE . . . . roman		375
LE PRIEURÉ. . . . . —		327
VIOLANTE. . . . . —		351

AMÉDÉE PICHOT

LE CHEVAL ROUGE. . . . . nouvelle . . .		195
— Kalish, l'éléphant du roi de Siam. . —		81
UN DRAME EN HONGRIE . . . . roman		300
UN ENLÈVEMENT. . . . . —		63
— Le Serin Jacobite . . . . —		20
— Un Portrait du diable . . . . —		36
— La Femme voilée . . . . —		52
— La Pomme de l'arbre de vie. . . . —		18
— Le Sac de velours rouge . . . . . —		20
— La Maison du plan de la cour. . . —		16
— Lou Porto Aigo . . . . —		8
— Sauvé par Shakespeare . . . . . . —		38
— Le Docteur des Marsigues . . . . . —		14
— Falot l'anthropophage. . . . . —		20
— Edmond Ier . . . . —		20
LA FEMME DU CONDAMNÉ . . . . —		284

GEORGES PICOT

M. DUFAURE, SA VIE ET SES DISCOURS. biographie. . . 410

AMÉDÉE PIGEON

LA CONFESSION DE MADAME DE WEYRE :
— La Confession de madame de Weyre. nouvelle . . .		87
— Deux Mensonges. . . . . —		08
— Conversation parisienne . . . . . . —		36
— Un bon conseil . . . . —		20
— Le critique qui ne passe qu'une fois —		22
— Nogaret. . . . . —		16
— Clémentine . . . . —		16

AU VILLAGE.
— Le mariage de Tuevin. . . . . —		8
— Une dévote de village. . . . . . . —		8
— Le mot : « Amour » . . . . —		23

ARTHUR POUGIN

		Nombre de pages.
VERDI, histoire anecdotique de sa vie de ses œuvres . . . . biographie . .		325

GEORGES PRICE

HISTORIETTES DE FRANCE ET D'ESPAGNE :
— La Tête de Cire . . . . nouvelle . . . 33
— La Guérison d'Hassan . . . . — . . . 48
— Le premier Habit noir . . . . — . . . 40
— Le dernier Don Quichotte . . . . . — . . . 58
— Le Criminel de Chatou . . . . — . . . 72
— La Science d'Aristide Cloquet . . . — . . . 79

HENRY RABUSSON

L'AVENTURE DE Mlle DE SAINT-ALAIS . roman 383
L'AMIE . . . . — . . . 395
DANS LE MONDE . . . . roman d'hier. 378
MADAME DE GIVRÉ . . . . roman 253
LE ROMAN D'UN FATALISTE . . . . . . — . . . 370
LE STAGE D'ADHÉMAR . . . . — . . . 349

ANNE RADCLIFFE

LA FORÊT OU L'ABBAYE DE SAINT-CLAIR roman 292
L'ITALIEN OU LE CONFESSIONNAL DES PÉNITENTS NOIRS . . . . — . . . 297
JULIA OU LES SOUTERRAINS DU CHATEAU DE MAZZINI . . . . roman 294
LES MYSTÈRES DU CHATEAU D'UDOLPHE, 2 volumes . . . . — . . . 586
LES VISIONS DU CHATEAU DES PYRÉNÉES — . . . 319

A.-R. RANGABÉ

LA CRAVACHE D'OR . . . . nouvelle . . . 45
— L'Amazone . . . . — . . . 32
— Brutus Courterre . . . . — . . . 20

		Nombre de pages.
— L'Entrevue de Dresde	—	30
— Les Deux fils	—	22
— Sur les sommets	—	38
— Angleterre	variétés	18
— Deux villes de l'Adriatique	—	50
— Une lettre d'Égypte	—	15
— La famille heureuse	—	11
— Le Tribunal D'Élisabethotwn	—	39
LEILA	variétés	127
— La Naïade	—	45
— Une Excursion à Poros	—	76
— Les Tisserands de la Hanse	—	79

ERNEST RASETTI

LES DRAMES DU VILLAGE :
— Rosa Romano	roman	376

GEORGES RÉGNAL

MAURIANE	roman	591

CH. DE RÉMUSAT

ABÉLARD	drame philos.	488
POLITIQUE LIBÉRALE	étude	453
LA SAINT-BARTHÉLEMY	drame histor.	591

Mᵐᵉ DE RÉMUSAT

LETTRES, 6 volumes	correspond	2498
MÉMOIRES, 3 volumes	mémoires	1294

PAUL DE RÉMUSAT

LES SCIENCES NATURELLES	étude	404

ERNEST RENAN
DE L'ACADÉMIE FRANÇAISE

L'ABESSE DE JOUARRE	drame philos.	110
LE PRÊTRE DE NEMI	—	134
SOUVENIRS D'ENFANCE ET DE JEUNESSE :		
— Le Broyeur de lin	nouvelle	57
— Prière sur l'Acropole. — Saint-Renan. — Mon Oncle Pierre. — Le Bonhomme Système et la petite Noémi	variété	72

	Nombre de pages.
— Le Petit Séminaire Saint-Nicolas du Chardonnet... —	70
— Le Séminaire d'Issy... —	56
— Le Séminaire Saint-Sulpice... —	60
— Premiers pas hors de Saint-Sulpice. —	54
— Appendice... —	35

B.-H. RÉVOIL

LE DOCTEUR AMÉRICAIN...	roman	311
LES HAREMS DU NOUVEAU-MONDE...	—	308

W. REYNOLDS

LES DRAMES DE LONDRES :

— 1° LES FRÈRES DE LA RÉSURRECTION...	roman	292
— 2° LA TAVERNE DU DIABLE...	—	329
— 3° LES MYSTÈRES DU CABINET NOIR...	—	307
— 4° LES MALHEURS D'UNE JEUNE FILLE...	—	291
— 5° LE SECRET DU RESSUSCITÉ...	—	269
— 6° LE FILS DU BOURREAU...	—	304
— 7° LES PIRATES DE LA TAMISE...	—	300
— 8° LES DEUX MISÉRABLES...	—	290
— 9° LES RUINES DU CHATEAU DE RAVENSWORTH...	—	301
— 10° LE NOUVEAU MONTE-CRISTO...	—	314

J. RICARD

MAGDON...	roman	338
PACHA...	roman paris	216
— Au tombeau des goujons...	nouvelle	102
PITCHOUN!...	nouvelle	196
LA VOIX D'OR...	roman	400

RICHARD O'MONROY

		Nombre de pages
A GRANDES GUIDES :		
— Château et chaumière . . . . nouvelles . . .		15
— Une femme à soi . . . . — . . .		14
— Une répétition générale au cercle . — . . .		12
— Près d'une baignoire. . . . . — . . .		10
— A quelque chose malheur est bon . — . . .		18
— Au bois le matin. — Aux acacias à cinq heures . . . . — . . .		22
— Fête nationale. . . . . — . . .		4
— Une farce de carnaval. . . . . . — . . .		14
— La vieille pelisse . . . . — . . .		8
— The terrible night ! . . . . — . . .		8
— Le cabaret à la mode . . . . . . — . . .		10
— La matinée du capitaine. . . . . — . . .		14
— Un samedi au cirque. . . . . . . — . . .		8
— Une journée à Chic-sur-Mer . . . — . . .		8
— Trouville-Deauville-Dieppe . . . . — . . .		10
— Un pari en mer . . . . — . . .		12
— Qui va piano va lontano. . . . . — . . .		10
— Cirque d'amis. . . . . — . . .		14
— Le coup de sifflet. . . . . — . . .		12
— Les excuses du capitaine . . . . . — . . .		14
— Une journée à Nice . . . . — . . .		10
— L'anarchiste. . . . . — . . .		10
— Le dîner de la Rapière. . . . . . — . . .		6
— Le sommeil d'Endymion. . . . — . . .		10
— L'œil à la mer. . . . . — . . .		10
— La Saint-Sylvestre du général . . . — . . .		12
A LA HUSSARDE :		
— Une Page d'amour. . . . . nouvelle. . .		
— En vingt-huit jours . . . . . — . . .		12
— Le Portrait-carte . . . . — . . .		12
— Le Paravent. . . . . — . . .		14
— Président ! . . . . — . . .		18
— Aux Italiens. . . . . — . . .		12
— De Cauterets à Cauterets. . . . . — . . .		41
— Le Tour du lac . . . . — . . .		12
— Quelles femmes inviterons-nous ? . — . . .		6

			Nombre de pages.
— Les Histoires du mess	nouvelle	..	12
— La Lanterne rouge	—	...	12
— Une bonne journée	—	...	16
— Mes souvenirs de ce printemps	—	...	12
— Au Conservatoire	—	...	6
— En passant par Saint-Cloud	—	...	10
— La Saison à Trouville	—	...	4
— Mauvais conseils à suivre en voyage	—	...	10
— Une toquade	—	...	14
— Au comité de littérature	—	...	12
— L'Occasion	—	...	18
— Mon concours hippique	—	...	10
— Au concours hippique	—	...	6
— Un bon système	—	...	6
— Par un beau soir de carnaval	—	...	14
— Le Marasme	—	...	9

LE CAPITAINE PARABÈRE :

— Pour garder ses cheveux	nouvelle	...	16
— La Tête du chat	—	...	16
— Les Effilés verts	—	...	12
— La Voiture de madame X	—	...	20
— Une femme forte	—	...	14
— Le Comble de la délicatesse	—	...	12
— En revenant du *Bossu*	—	...	10
— De Rocquencourt à Paris	—	...	8
— Vengeance, plaisir des dieux	—	...	12
— Le Piédestal	—	...	14
— Hussard et Houzard	—	...	13
— Le Nid du Poète	—	...	14
— Le Plumet	—	...	6
— Régénération	—	...	20
— Le Gilet de loutre	—	...	8
— Les Joyeux Viveurs	—	...	7
— En musique	—	...	21
— Le Bain	—	...	8
— Une Journée bien remplie	—	...	8
— Une Pièce reçue	—	...	38
— Une Chaumière et un Cœur	—	...	16
— Trop de réputation	—	...	10
— Ma première cuirasse	—	...	10

		Nombre de pages
COUPS DE SOLEIL :		
— Les deux Lettres	nouvelle	18
— Le Duel au balai	—	20
— Quand même	—	10
— La Douche	—	18
— Les quatre Réponses de Pignerolles	—	12
— La Polka	—	10
— Le Pied	—	8
— Un Coup d'épée dans l'eau	—	10
— Le Rata	—	6
— Panem et feminas	—	12
— Grandes manœuvres	—	18
— Haut et bas	—	8
— Les deux Semaines du capitaine	—	32
— Un Homme fort	—	18
— Le Régiment qui passe	—	12
— Le Clown	—	12
— Un vrai Carnaval	—	10
— Tendres Adieux	—	8
— Cueillir et se recueillir	—	10
— Maudites femelles	—	10
— Les Cordes de l'arc	—	15
— Les Revenants	—	17
LES FEMMES DES AUTRES :		
— Le Domino blanc	—	13
— Grandes Manœuvres	—	16
— La Perle de Circassie	—	15
— Un Duel intercontinental	—	14
— Infanterie ou Cavalerie	—	12
— Une Haine de famille	—	10
— Nuit d'Amour	—	10
— La Purification	—	12
— Le Moyen infaillible	—	11
— Petite Ferme, petit jardinet	—	8
— Le Cadre	—	12
— Le Lendemain	—	12
— La Boucle	—	11
— Les Nuances du sentiment	—	1.
— Le Tableau d'église	—	13
— Ous'qu'est mon Casque !	—	11
— Une Découverte	—	8
— Monsieur !	—	10
— Le Poulet	—	6

		Nombre de pages.
— Faits divers.	nouvelle	6
— Une Première à la Renaissance	—	14
— Le Huit-Ressorts.	—	14
— La Dernière Grisette.	—	12
— Le Menu de l'Émir.	—	12
— A travers la fête de l'Opéra.	—	16
— Bien noté.	—	8
— Libre!!!.	—	12

FEUX DE PAILLE :

— Partie et Revanche.	—	22
— Dans les Étoiles.	—	22
— Dévouement.	—	6
— La veille d'une petite fête.	—	10
— Déplacement et villégiature	—	20
— Pour une soirée.	—	14
— Ah ! Quel plaisir d'être soldat	—	20
— L'Enlèvement des Sabines	—	12
— Le Saisissement.	—	18
— La Fête de Saint-Gymère	—	8
— Amour et cuisine.	—	10
— Les Préparatifs d'une Fête.	—	12
— Botte et bottine.	—	14
— Fête de famille	—	16
— Pas si raide que ça !	—	16
— Une Femme d'esprit.	—	18
— A Trouville-Deauville	—	10
— Babel-Revue.	—	16
— La Lettre.	—	12
— Une grande fête au profit des inondés de l'Amour et du hasard	—	12
— Sauvé !	—	18
— Une Carte S. V. P.	—	8
— Comme elles jouent.	—	18
— Comment elles devraient s'habiller.	—	20
— Profession de foi	—	11

LA FOIRE AUX CAPRICES :

— Mazeppa.	—	21
— Incertitude	—	10
— Un Objet de cent lots	—	8
— Tosté malade	—	19
— Un peu de morale.	—	6
— Amour et Benting !.	—	20

		Nombre de pages
— C'est beau la franchise ...... nouvelle	...	8
— Before and After........... —	...	10
— Une guérison ,.......... —	...	14
— Conseils pratiques aux étrangers à la recherche d'une chaumière et d'un cœur............ —	...	32
— Le Téléphone.......... —	...	8
— L'Entrevue........... —	...	11
— La semaine des courses à Trouville. —	...	18
— Demi-jour.......... —	...	8
— Une étoile......... —	...	14
— Monsieur Paul......... —	...	10
— Le Révérend......... —	...	16
— A la Revue......... —	...	16
— Amour et Mystère...... : ... —	...	18
— Soumission ou Démission .... —	...	12
— A la Fourchette........ —	...	14
— Le Gaz........... —	...	10
— Conseils pratiques pour aller au bal —	...	18
— Le Majorat.......... —	...	12
— L'Écuyère.......... —	...	16
— La Prise de Fleury-sur-Andelle .. —	...	10
— Monsieur le Maire......... —	...	14

M. MARS ET Mme VÉNUS :

— La Belle Hélène à Hambourg...	—	12
— Le Train spécial.........	—	10
— Une Grand'garde à la Belle-Épine .	—	10
— La nuit porte conseil......	—	12
— Le capitaine Joseph.......	—	10
— La Séance de nuit.......	—	12
— Le Képi du Commandant.....	—	12
— A coup sûr.........	—	10
— La belle Chapelière.......	—	10
— Une Séance orageuse......	—	10
— L'Étape..........	—	8
— Amour ! Amour ! Quand tu nous tiens!	—	12
— Le Carabinier et la Caissière....	—	10
— Souviens-toi !!!.......	—	8
— Un Cercle diablement vicieux ...	—	18
— La Première étape........	—	8
— Beau premier.........	—	10
— Le Sabre..........	—	10
— Comment on écrit l'histoire	—	10

		Nombre de pages.
— Les deux journées	nouvelle	12
— Primeurs	—	6
— Prisonnier de guerre	—	10
— Une Idée du Colonel	—	10
— La Timbale d'argent	—	14
— Le Train des maris	—	6
— Chargé de la défense	—	8
— On en revient toujours	—	10
— La Commission du chiendent	—	8
— De Paris à Versailles	—	14
— Futurs officiers	—	6
— Vox Populi, Vox Dei	—	8
— Trappe à louer	—	8
— Aller et retour	—	6
— La Paix des champs	—	14
— Great Attraction	—	8

TAMBOUR BATTANT!:

— Marseille ou Tarascon	nouvelle	12
— Bonnet et Chapeau	—	15
— Trop chic!	—	11
— La Perle	—	12
— De Biarritz	—	8
— Le Mariage de Berthe	—	15
— Par économie	—	10
— La Recherche de l'absolu	—	9
— Ni l'une ni l'autre	—	13
— Le Nouveau chic	—	7
— Toquée	—	12
— En revenant du Châtelet	—	13
— La Vengeance de Carmen	—	9
— Lequel?	—	11
— Le Jeudi de Chameroy	—	10
— Une Idylle au Cercle	—	11
— Nuit de noces	—	7
— L'Expérience	—	10
— Trop de précaution	—	9
— Cercle ou Crèche	—	8
— Une Mascotte	—	9
— Un bon conseil	—	8
— Five O'clock tea	—	15
— Marianne	—	7
— Le Point du Jour	—	12

		Nombre de pages.
— Les Débuts de Pignerolles	—	8
— Mon carnet du Salon.	—	10
— Ce qu'on entend au Concours hippique	—	8
— Camélia	—	14
UN PEU! BEAUCOUP!! PASSIONNÉMENT!!!		
— A bon chat, bons rats	nouvelle	19
— Première étape	—	16
— Pelotodora	—	8
— Une Fête de charité	—	20
— Quand on va au cirque Molier . . .	—	8
— Les coulisses d'un ballet	—	14
— Capria	—	17
— Promenade matinale	—	8
— Pour les pauvres	—	16
— Fin de saison	—	6
— Pour Dieu! pour le Czar! pour la Patrie!	—	12
— Messieurs Mars et mesdames Vénus.	—	8
— La grande semaine à Trouville . .	—	24
— Sur la terrasse du casino à Chic-sur-Mer	—	6
— A la fête à Neuilly, chez Marseille.	—	8
— Une journée à Bougival	—	8
— Cousine Des Boisonfort	—	12
— Au cabaret. — Tel menu, telle femme	—	8
— Un concours de beauté	—	52
— La choupasse	—	12
— Une journée aux grandes manœuvres	—	12
— Le bateau de fleurs	—	10
— Vénus et Machiavel	—	11
— L'oncle Broudoudoum	—	13

HENRI RIVIÈRE

AVENTURES DE TROIS DAMES	roman	272
— Philippe	nouvelle . . .	81
LE CACIQUE (Journal d'un Marin) . . .	roman	289
LE COMBAT DE LA VIE :		
— La jeunesse d'un désespéré	roman	359
— Madame Nasser	—	410
— Les fatalités	—	443
EDMÉE	—	113

		Nombre de pages.
— Le châtiment.	nouvelle	70
— Flavien	roman	147
LA FAUTE DU MARI	—	226
— Madame Herbin	nouvelle	36
LA GRANDE MARQUISE	roman	111
— Le comte d'Arbray	nouvelle	91
— Le cirque Gory	—	103
MADEMOISELLE D'AVREMONT	roman	211
— Monsieur Margerie	nouvelle	79
LA MAIN COUPÉE	roman	200
— Un Enlèvement	nouvelle	97
LA MARQUISE D'ARGENTINI	nouvelle	13
— Édith	—	138
— Madame de Ferlon	—	119
LES MÉPRISES DU CŒUR	—	78
— Voix secrètes de Jacques Lambert	—	62
— Terre et Mer	—	60
— Les Voisins du Lieutenant Férand	—	44
— Le Rajeunissement	—	66
LE MEURTRIER D'ALBERTINE RENOUF	—	81
— Les derniers jours de Don Juan	roman	217
PIERROT	nouvelle	85
— Caïn	—	79
— L'Envoûtement	—	65
LA POSSÉDÉE	nouvelle	191
— Le Colonel Pierre	—	60
— La seconde Vie du docteur Roger	—	43
LE ROMAN DE DEUX JEUNES FILLES	roman	199
— Un dernier succès	nouvelles	84
— Lettres de voyage	récit	46
SOUVENIRS DE LA NOUVELLE CALÉDONIE	récit de voyage et de combat.	296

B. DE RIVIÈRE

PAR COUPLE:

— Le feu grisou	nouvelle	15
— Une Madeleine	—	39
— La mèche de Cheveux	—	19
— La solitaire	—	18
— Deux feuilles de rose	—	8
— Odette et Ben Zatti	—	38

		Nombre de pages.
— Bien vite passé	nouvelle ...	10
— Le vieux couteau	— ...	10
— Deux jours au bord de la mer...	— ...	14
— Un mariage	— ...	14
— La femme et les saisons	— ...	16
— La somnambule	— ...	28
— N°s 18 et 19 de l'hôtel X, Z,....	— ...	10
— Le nid	— ...	10
— Tu m'as donc trompée !......	— ...	8
— Le tas de foin d'Odette	— ...	6
— Les étrennes de la mère Niclot ..	— ...	38
— Mère et fils.............	— ...	22

CLÉMENCE ROBERT

— ŒUVRES COMPLÈTES —

LES AMANTS DU PÈRE-LACHAISE....	roman	302
L'AMOUREUX DE LA REINE..., ...	—	
L'ANGE DU PEUPLE	roman	154
— La Rose du Cimetière	nouvelle ...	18
— Le Père et la Fille..........	— ...	26
— L'Abbé de Bernis	— ...	12
— Marie de Beauvilliers	— ...	20
— Le Lac des Larmes.........	— ...	15
LES ANGES DE PARIS	roman	201
— Série : 1° Les Anges de Paris. — 2° La Misère dorée. — 3° L'Avocat du peuple		
L'AVOCAT DU PEUPLE, voir LES ANGES DE PARIS...............	— ...	344
UN BANDIT GENTILHOMME......	— ...	358
LE BARON DE TRENCK........	— ...	264
— Série : 1° Le Baron de Trenck. — 2° Le Martyr des Prisons		
LA BELLE VALENTINE, voir WOLF LE LOUP.	— ...	101
— La Duchesse de Chevreuse.....	— ...	192
LA CHAMBRE CRIMINELLE (les Victimes du fanatisme), voir LA FAMILLE CALAS.	— ...	243
LA COMTESSE THÉRÈSA........	— ...	295
LA DUCHESSE DE MONTBARRE, voir LA FILLE DE SATAN.............	— ...	318

		Nombre de pages
LA FAMILLE CALAS. . . . . —	. . .	282
— *Série:* 1º La Famille Calas. — 2º La Chambre criminelle.		
LA FILLE DE DAMIENS . . . . nouvelle	. . .	80
— La Nuit d'un Bal. . . . . —	. . .	10
— Une Nuit affreuse . . . . —	. . .	56
— La Saint-Louis. . . . . —	. . .	40
— Malbroug s'en va-t-en guerre . . . —	. . .	71
LA FILLE DE SATAN . . . . roman	. . .	318
— *Série:* 1º La Fille de Satan. — 2º La duchesse de Montbarre. — 3º Le Trésor de Saint-Claude.		
LA FONTAINE MAUDITE. . . . . —	. . .	192
— Le Loup-Garou . . . . nouvelle	. . .	50
LES FRANCS-JUGES, *voir* LE TRIBUNAL SECRET . . . . roman	. . .	315
LA JACQUERIE, *voir* JEANNE DE MONTFORT. —	. . .	272
JEANNE LA FOLLE . . . . —	. . .	270
— *Série:* 1º Jeanne la Folle. — 2º Le Pavillon de la Reine.		
JEANNE DE MONTFORT . . . . —	. . .	311
— *Série:* 1º Jeanne de Montfort. — 2º La Jacquerie.		
LES JUMEAUX DE LA RÉOLE, *voir* LES QUATRE SERGENTS DE LA ROCHELLE . . . —	. . .	247
LE MAGICIEN DE LA BARRIÈRE D'ENFER —	. . .	344
MANDRIN. . . . . —	. . .	286
LE MARTYR DES PRISONS, *voir* LE BARON DE TRENCK. . . . . —	. . .	244
LES MARTYRS VENGÉS, *voir* LES MYSTÈRES DE LA BASTILLE . . . , ... —	. . .	302
LES MENDIANTS DE LA MORT, *voir* LES MENDIANTS DE PARIS . . . . —	. . .	236
LES MENDIANTS DE PARIS . . . . —	. . .	273
— *Série:* 1ª Les Mendiants de Paris. — 2º Les Mendiants de la mort.		
MICHELY, *voir* UN SERF RUSSE. . . . . —	. . .	312
LA MISÈRE DORÉE, *voir* LES ANGES DE PARIS —	. . .	293
LE MOINE NOIR . . . . —	. . .	319
LE MONT SAINT-MICHEL. . . . . —	. . .	304

		Nombre de pages
LES MYSTÈRES DE LA BASTILLE. . . .	—	311
— *Série* : 1° Les Mystères de la Bastille. — 2° Les Martyrs vengés.		
LE PASTEUR DU PEUPLE.	—	300
LE PAVILLON DE LA REINE, voir JEANNE LA FOLLE	—	177
— La Chambre d'une femme	nouvelle . .	28
— L'Ordre de la Cordelière	—	40
— Ce que les Femmes portent à la main	variété . . .	19
— Les Fleurs	—	11
PEUPLES ET ROIS	roman . . .	380
LA PLUIE D'OR.	—	200
— Le Ramoneur millionnaire.	nouvelle . .	42
LES QUATRE SERGENTS DE LA ROCHELLE.	roman . . .	324
— *Série* : 1° Les Quatre sergents de La Rochelle. — 2° Les Jumeaux de La Réole.		
RENÉ L'OUVRIER.	—	186
— Anne de Mantoue	nouvelle . .	80
LE SECRET DE MAITRE ANDRÉ	roman . . .	301
— *Série* : 1° Le Secret de maître André. 2° La Tour Saint-Jacques.		
UN SERF RUSSE.	—	314
— *Série* : 1° Un Serf russe. — 2° Michely.		
TABARIN.	—	325
LA TOUR SAINT-JACQUES, voir LE SECRET DE MAITRE ANDRÉ.	—	307
LE TRÉSOR DE SAINT-CLAUDE, voir LA FILLE DE SATAN	—	314
LE TRIBUNAL SECRET	—	307
— *Série* : 1° Le Tribunal secret. — 2° Les Francs-Juges.		
LES VOLEURS DU PONT-NEUF	—	280
— *Série*: 1° Les Voleurs du Pont-Neuf. — 2° Tabarin. — 3° Un Bandit Gentilhomme.		
WOLF LE LOUP	—	297
— *Série* : 1° Wolf le Loup. — 2° La Belle Valentine.		

ÉTIENNE ROCHEVERRE

Nombre de pages.

MADEMOISELLE D'HANNONVILLE. . . . roman. 384

NESTOR ROQUEPLAN

LA VIE PARISIENNE :
- Les Vieilles femmes. . . . . nouvelle . . . 5
- Les Pigeons. . . . . — . . . 7
- Les Dindons. . . . . — . . . 5
- Les Lorettes . . . . — . . . 15
- Les Femmes déchues . . . . — . . . 17
- Les Hommes aimés . . . . — . . . 7
- Les Amours à distance . . . . . . — . . . 4
- Les Petits ménages . . . . — . . . 7
- Les Lorettes du monde . . . . . . — . . . 5
- Les Coulisses de l'Opéra. . . . . . — . . . 44
- Les Choses qui n'existent plus. . . — . . . 5
- Du Point d'honneur . . . . — . . . 5
- Les Comiques. . . . . — . . . 7
- Les Larmoyeurs. . . . . — . . . 6
- Les faux Anglais . . . . — . . . 4
- Les Mascarilles . . . . — . . . 6
- Les Feu. . . . . — . . . 5
- La Bohême de Paris. . . . . — . . . 7
- La Littérature des articles de mode. — . . . 3
- Le Bric-à-brac. . . . . — . . . 17
- Les Crédits supplémentaires. . . . — . . . 23
- Un Coin de l'Espagne . . . . — . . . 33
- Les Spectacles d'été. . . . . — . . . 13
- Les Spectacles d'hiver. . . . . . . — . . . 50
- *Le Verre d'eau en Russie* . . . . . — . . . 6
- Un Jubilé protestant en 1835. . . . — . . . 14

CHARLES ROSS
— TRADUCTION AMY DAVY —

LA JOLIE VEUVE. . . . . roman 286

G. ROTHAN

L'AFFAIRE DU LUXEMBOURG . . . . . étude historiq. 422
L'ALLEMAGNE ET L'ITALIE. 1870-1871.. —
— Tome I. L'Allemagne . . . . — . . 389
— Tome II. L'Italie . . . . — . . 447
LA POLITIQUE FRANÇAISE EN 1866. . . — . . 406

SACHER - MASOCH

		Nombre de pages.
LE CABINET NOIR DE LEMBERG.....	nouvelle...	156
— L'Ilau................	— ...	198
L'ENNEMI DES FEMMES	roman....	313
HADASKA	—	260
NOUVEAUX RÉCITS GALICIENS:		
— Sacher-Masoch, sa vie et ses œuvres	étude....	41
— La Justice des paysans	nouvelle...	74
— Le Haydamak............	— ...	72
— La Hasara-Raba..........	— ...	104
— Le Mariage de Valérien Kochanski.	— ...	46
LES PRUSSIENS D'AUJOURD'HUI, 2 vol.	roman....	764
UN TESTAMENT	nouvelle...	143
— Basile Hymen..........	— ...	102
— Le Paradis sur le Dniester.....	— ...	72

GASTON DE SAINT-VALRY

SOUVENIRS ET RÉFLEXIONS POLITIQUES.	2 volumes...	759

PAUL DE SAINT-VICTOR

ANCIENS ET MODERNES.	études.....	580
BARBARES ET BANDITS:		
— Henri Heine et la Prusse......	étude....	22
— L'Allemagne et la Prusse	— ...	16
— La Statue de Strasbourg......	variété...	3
— Les Trésors de Paris........	— ...	12
— La Cité antique	— ...	13
— Le Gros Guillaume.........	variété...	62
— Némésis	— ...	10
— Prosper Mérimée	étude....	11
— Un prisonnier de la Prusse.....	variété...	11
— L'Art pendant le siège	étude....	12
— Nos bons Allemands........	variété...	10
— Chants populaires du pays Messin.	— ...	16
— L'anniversaire de Molière. — Paris Grand Hôtel...........	— ...	10
— Henry Regnault..........	étude....	10
— La Patrie toujours en danger....	variété....	11

		Nombre de pages.
— Comment les peuples périssent	variété	11
— L'Orgie rouge	—	13
— Une Voix dans le désert	—	17
— La Haine sainte	—	10
LES DEUX MASQUES, 2 vol.	étude	1110
HOMMES ET DIEUX :		
— La Vénus de Milo	étude	8
— Diane	—	10
— Les Grandes déesses : Cérès et Proserpine	—	16
— Hélène	—	10
— Méléagre	—	14
— La Momie	—	16
— Néron	—	16
— Marc-Aurèle	—	12
— Attila. — Charles XII	—	13
— Louis XI	—	16
— César Borgia	—	22
— Benvenuto Cellini	—	13
— Diane de Poitiers	—	15
— Henri III	—	14
— La Cour d'Espagne sous Charles II	—	96
— Les Comédies de la Mort	—	20
— Les Bohémiens	—	14
— Les Vocératrices de la Corse	—	20
— L'Argent	—	22
— Roland. — La Chanson de Paris	—	16
— Le Décaméron de Boccace	—	16
— Agrippa d'Aubigné	—	18
— Don Quichotte	—	16
— Gil Blas	—	10
— Les Contes de fées	—	12
— Manon Lescaut	—	10
— Mademoiselle Aïssé	—	12
— Swift	—	14
VICTOR HUGO	étude	388

C. A. SAINTE-BEUVE[1]

CHATEAUBRIAND, SON GROUPE LITTÉRAIRE SOUS L'EMPIRE, 2 volumes	étude	866
CHRONIQUES PARISIENNES	variétés	359

		Nombre de pages
LE CLOU D'OR	nouvelle . . .	69
— La Pendule	— . . .	13
CORRESPONDANCE, 2 volumes	lettres	759
ÉTUDE SUR VIRGILE	variété	441
LETTRES A LA PRINCESSE	lettres	366
NOUVELLE CORRESPONDANCE	—	426
NOUVEAUX LUNDIS, 13 volumes	variétés	6018
PORTRAITS CONTEMPORAINS, 5 vol . .	—	2488
PREMIERS LUNDIS, 3 volumes	—	1242
P.-J. PROUDHON, SA VIE, SA CORRESPONDANCE	étude	350
SOUVENIRS ET INDISCRÉTIONS	variétés	351

PIERRE SALES

LA FEMME ENDORMIE	roman	365
JEANNE DE MERCŒUR	— . . .	327
LOUISE MORNANS	— . . .	326
LE PUITS MITOYEN	— . . .	387

GUSTAVE SALICIS

JEANNE ET JEAN	hist. bretonne.	310

PRUDENCE DE SAMAN

LES ENCHANTEMENTS DE PRUDENCE . .	biographie . .	366
LES NOUVEAUX ENCHANTEMENTS :		
— Pitt	variété	13
— Burke	—	4
— Aperçu sur la Chine	—	35
— Les Indes	—	21
— Harmonie de la nature, de Bernardin de Saint-Pierre	—	23
— Diogène	—	8
— Le duc Antonio des Algarves . . .	—	29

1. Voir, pour les études nombreuses que renferme chacun des volumes de C.-A. Sainte-Beuve, la table analytique et explicative qui se trouve à la fin du tome III des PREMIERS LUNDIS.

		Nombre de pages.
— Pensées détachées sur la religion. .	variété	14
— Pensées détachées sur la politique.	—	6
— Madame Hamelin.	—	8
— Poésies de M. de Chateaubriand . .	—	11
— La baronne de Marcoussis	—	6
- Sébastien de Gama.	—	19
— Myrtéa.	—	43
— Jérôme ou le jeune prélat.	—	52
— Sextus ou le Romain des Maremmes	—	93
— L'Indienne.	—	49
DERNIERS ENCHANTEMENTS :		
— Gertrude.	nouvelle . .	242
— Harold.	—	52
— Le jeune Comte Henri ou l'Éducation	—	54
— Lettres choisies de Béranger. . . .	variété	75

GEORGE SAND
— ŒUVRES COMPLÈTES —

ADRIANI.	roman	279
LES AMOURS DE L'AGE D'OR (Evenor et Leucippe).	—	319
ANDRÉ.	— . . .	270
ANTONIA.	— . . .	339
AUTOUR DE LA TABLE.	études . . .	117
— Gœthe, Byron, Mickiewicz	—	80
— Honoré de Balzac	—	18
— Béranger.	—	14
— H. de Latouche.	—	32
— Fenimore Cooper.	—	18
— George de Guérin	—	36
— Harriett Beecher Stowe	—	10
— Eugène Fromentin (écrivain) . . .	—	18
— *Bêtes et gens*, par P.-J. Stahl. . . .	—	5
— Le Théâtre Italien de Paris et Mademoiselle Pauline Garcia.	—	18
— *La Joconde de Léonard de Vinci*, gravée par M. Louis Calamatta . .	— . . .	10
LE BEAU LAURENCE, voir PIERRE QUI ROULE	roman . .	324
BEAUX MESSIEURS DE BOIS-DORÉ, 2 vol.	— . . .	635

DE REPRODUCTIONS 147

		Nombre de pages.
CADIO	roman . . .	289
CÉSARINE DIETRICH.	— . . .	319
LE CHATEAU DE PICTORDU.	conte. . . .	117
— La Reine Coax.	— . . .	40
— Le Nuage Rose.	— . . .	46
— Les Ailes de courage.	— . . .	12
— Le Géant Yéous.	— . . .	55
LE CHATEAU DES DÉSERTES.	roman. . . .	166
— Les Mississipiens.	proverbe . .	120
LE CHÊNE PARLANT.	conte. . . .	63
— Le Chien et la Fleur sacrée. . . .	— . . .	80
— L'Orgue du Titan.	— . . .	40
— Ce que disent les Fleurs.	— . . .	20
— Le Marteau rouge.	— . . .	20
— La Fée poussière.	— . . .	24
— Le Gnome des Huîtres.	— . . .	18
— La Fée aux gros yeux.	— . . .	25
LE COMPAGNON DU TOUR DE FRANCE (2 vol.).	roman	436
— Procope le Grand.	étude. . . .	70
LA COMTESSE DE RUDOLSTADT (2 vol.), voir CONSUELO.	roman	684
CONFESSION D'UNE JEUNE FILLE (2 vol.) .	— . . .	627
CONSTANCE VERRIER.	— . . .	248
CONSUELO (2 volumes)	— . . .	1123
Série : 1° Consuelo. — 2° La Comtesse de Rudolstadt.		
LA COUPE.	nouvelle . . .	113
— Lupo Liverani.	— . . .	6
— Le Toast.	— . . .	14
— Garnier.	— . . .	28
— Le Contrebandier.	— . . .	18
— La Rêverie à Paris.	variété . . .	19
LES DAMES VERTES.	roman	206
LA DANIELLA (2 volumes)	— . . .	628

		Nombre de pages
LA DERNIÈRE ALDINI. . . . . roman		201
— Le poëme de Myrza. . . . . variété. . . .		34
— Les Visions de la nuit. . . . . . . étude.		30
— George de Guérin. . . . . variété. . . .		36
LE DERNIER AMOUR . . . roman.		333
DERNIÈRES PAGES :		
— Dans les bois. . . . . variété . . .		18
— Nuit d'hiver. . . . . — . . .		14
— Voyage chez M. Blaise. . . . . — . . .		24
— La Blonde Phœbé. . . . . — . . .		16
— Mon Grand-Oncle. . . . . — . . .		36
— *Dialogues philosophiques*, E. Renan. — . . .		12
— Les marionnettes de Nohant. . . . — . .		58
— La Laitière et le Pot au lait. . . . — . . .		28
— A propos d'une *Nouvelle lettre de Junius*. . . . . — . . .		8
— *La Flore de Vichy*, par Jourdan . . — . . .		4
— *Mes Campagnes*, par Pauline Flaugergues. . . . . — . . .		28
— Aux Alsaciens-Lorrains . . . . . — . . .		6
— Charles Duvernet. . . . . — . . .		4
— Souvenir d'Auvergne. . . . . . . — . . .		10
— Michel Lévy. . . . . — . . .		8
— *Au Village*, par J. Gotthelf. . . . — . . .		4
LES DEUX FRÈRES, *voir* FLAMARANDE . . roman . . .		154
LE DIABLE AUX CHAMPS. . . . . — . .		329
ELLE ET LUI. . . . . —		310
LA FAMILLE DE GERMANDRE. . . . . — . . .		293
LA FILLEULE. . . . . — . . .		328
FLAMARANDE . . . . — . . .		322
Série : 1° Flamarande. — 2° Les deux Frères.		

		Nombre de pages.
FLAVIE	roman	179
— Les Majoliques florentines	variété	40
FRANCIA	roman	232
— Un Bienfait n'est jamais perdu	proverbe	49
FRANÇOIS LE CHAMPI	roman	243
HISTOIRE DE MA VIE (4 volumes)	mémoires	1904
UN HIVER A MAJORQUE	voyages	183
— Spiridion	roman	250
L'HOMME DE NEIGE (3 volumes)	—	888
HORACE	—	409
IMPRESSIONS ET SOUVENIRS	variétés	363
INDIANA	roman	334
ISIDORA	—	200
— Aldo le Rimeur	fragment	48
— Les Mères de famille	—	16
— Cercle hippique de Mézières-en-Brenne	variété	17
JACQUES	roman	353
JEAN DE LA ROCHE	—	344
JEANNE	roman	355
JEAN ZYSKA	étude	148
— Gabriel	—	74
— Lettre à M. Lerminier	variété	18
— Werther	étude	9
JOURNAL D'UN VOYAGEUR PENDANT LA GUERRE	lettres	310
LAURA	roman	195
— Les Charmettes	variété	68
— Lettre d'un voyageur	—	62
— Ce que dit le ruisseau	—	44

		Nombre de pages
LÉGENDES RUSTIQUES :		
— Pierres sottes ou pierres caillasses.	légende	15
— Les Demoiselles	—	13
— Les Laveuses de nuit ou lavandières	—	15
— La Grand'bête	—	14
— Les Trois hommes de pierre	—	12
— Le Follet d'Ep-Nell	—	14
— Le Casseu' de bois	—	14
— Le Meneu' de loups	—	12
— Le Lupeux	—	12
— Le Moine des Etangs-Brisses	—	14
— Les Flambettes	—	14
— Lubins et Lupins	—	12
— Légendes du centre de la France	variété	10
— La Reine Mab	poème	6
— La Fée qui court	conte	2
— Le Ruisseau	—	4
— Fanchette	variété	79
LÉLIA (2 volumes)	roman	515
— Métella	nouvelle	67
— Melchior	—	43
— Cora	—	37
LETTRES D'UN VOYAGEUR	lettres	344
LUCRÉZIA FLORIANI	roman	270
— Lavinia	nouvelle	50
MADEMOISELLE LA QUINTINIE	—	347
MADEMOISELLE MERQUEM	—	309
LES MAITRES MOSAISTES	—	238
LES MAITRES SONNEURS	—	391
MALGRÉTOUT	roman	330
LA MARE AU DIABLE	—	149
— Les Noces de campagne	étude	55
LE MARQUIS DE VILLEMER	roman	379
MA SŒUR JEANNE	—	358
MAUPRAT	—	383

		Nombre de pages.
LE MEUNIER D'ANGIBAULT	roman	377
MONSIEUR SYLVESTRE	—	338
MONT-REVÊCHE	—	384
NANON	—	334
NARCISSE	—	264
NOUVELLES LETTRES D'UN VOYAGEUR :		
— La Villa Pamphili	variété	12
— Les Chansons des bois et des rues	—	16
— Le Pays des Anémones	—	64
— De Marseille à Menton	—	66
— Une Visite aux catacombes	—	8
— De la langue d'oc et de la langue d'oïl	—	12
— La princesse Anna Czartoryska	—	12
— Utilité d'une école normale d'équitation	—	48
— La Berthenoux	—	6
— Les Jardins en Italie	—	6
— Sonnet à Mme Ernest Périgois	—	2
— Les Bois	—	10
— L'Île de la Réunion	—	4
— Conchyliologie de l'Île de la Réunion	—	8
— A propos du choléra de 1865	—	4
— Néraud père	biographie	
— Gabriel de Planet	—	18
— Carlo Soliva	sonnet	4
— Le Comte d'Aure	biographie	4
— Louis Maillard	—	4
— Ferdinand Pajot	—	2
— Pâturean-Francœur	—	13
— Mme Laure Fleury	—	4
PAULINE	roman	248
LE PÉCHÉ DE M. ANTOINE, (2 volumes)	—	492
— L'Orco	nouvelle	20
LA PETITE FADETTE	roman	284
LE PICCININO	—	515
— Kourroglou	épopée	165

CATALOGUE SPÉCIAL

		Nombre de pages.
PIERRE QUI ROULE	roman	300
Série : 1° Pierre qui roule. — 2° Le beau Laurence.		
PROMENADES AUTOUR D'UN VILLAGE	variété	256
— Mœurs et coutumes du Berry	—	35
— Les Visions de la nuit	—	30
— Les Tapisseries du château de Boussac	—	10
— Les Bords de la Creuse	—	10
— Gargilesse	—	12
QUESTIONS D'ART ET DE LITTÉRATURE	étude	431
QUESTIONS POLITIQUES ET SOCIALES	variétés	356
LE SECRÉTAIRE INTIME	roman	212
— Mattéa	nouvelle	68
— La Vallée noire	variété	23
LES SEPT CORDES DE LA LYRE	fantaisie	165
— Lettres à Marcie	nouvelle	80
— Carl	—	26
— Le Dieu inconnu	—	18
— La Fille d'Albano	—	16
— Cléopâtre	étude	4
— Fragment de lettre écrite à Fontainebleau	variété	4
— Les Fleurs de mai	nouvelle	6
— Coup d'œil général sur Paris	variété	9
SIMON	roman	180
— La Marquise	nouvelle	44
— Monsieur Rousset	—	23
— Mouny-Robin	—	27
— Les Sauvages de Paris	étude	33
SOUVENIRS DE 1848	variétés	434
TAMARIS	roman	210
TÉVERINO	—	178
— Léone Léoni	nouvelle	62

		Nombre de pages.
THÉATRE COMPLET, tome I :		
— Cosima ou la haine dans l'amour. .	drame	114
— Le Roi attend	prologue . . .	18
— François le Champi	comédie . . .	76
— Claudie	drame . . .	90
— Molière	— . . .	145
THÉATRE COMPLET, tome II :		
— Le Mariage de Victorine	comédie . . .	85
— Les Vacances de Pandolphe	— . . .	114
— Le Démon du foyer	— . . .	66
— Le Pressoir	drame . . .	92
THÉATRE COMPLET, tome III :		
— Mauprat	drame	115
— Flaminio	comédie . . .	108
— Maître Favilla	drame . . .	79
— Lucie	comédie . . .	40
THÉATRE COMPLET, tome IV et dernier :		
— Françoise	comédie . . .	111
— Comme il vous plaira	drame	100
— Marguerite de Sainte-Gemme	comédie . . .	90
— Le Marquis de Villemer	— . . .	157
THÉATRE DE NOHANT :		
— Le Drac	rêverie	79
— Plutus	comédie . . .	78
— Le Pavé	nouvelle . . .	60
— La Nuit de Noël	fantaisie . . .	62
— Marielle	comédie . . .	114
LA TOUR DE PERCEMONT	roman	211
— Marianne	nouvelle . . .	156
L'USCOQUE	roman	218
— La Fauvette du docteur	nouvelle . . .	4
— Sur une publication de Lamennais . .	étude	21
— Réflexions sur Jean-Jacques-Rousseau	—	19
VALENTINE	roman	331
VALVÈDRE	—	360
LA VILLE NOIRE		259

9.

JULES SANDEAU

— DE L'ACADÉMIE FRANÇAISE —

		Nombre de pages
CATHERINE.	roman	304
LE CHATEAU DE MONTSABREY.	nouvelle . . .	117
— Karl Henry	—	58
— Le Concert pour les pauvres. . . .	—	44
— Vingt-quatre heures à Rome	—	39
UN DÉBUT DANS LA MAGISTRATURE . .	—	133
— Olivier.	—	72
UN HÉRITAGE	roman	246
JEAN DE THOMMERAY	nouvelle . . .	157
— Le colonel Évrard	—	132
LE JOUR SANS LENDEMAIN	—	95
— Hélène Vaillant.	—	95
MADEMOISELLE DE KÉROUARE	roman	210
— La Dernière Fée.	nouvelle . . .	30
LA MAISON DE PÉNARVAN	roman	309
SACS ET PARCHEMINS	—	316

FRANCISQUE SARCEY

ÉTIENNE MORET.	roman	316
LES MISÈRES D'UN FONCTIONNAIRE CHINOIS	nouvelle . . .	160
— Le Nouveau Seigneur de Village . .	—	162
— Henri Perrier	—	97
LE PIANO DE JEANNE	—	122
— Qui perd gagne	—	120
— Un ami véritable	—	86
— Il ne faut jamais dire : fontaine . .	—	24

VICTORIEN SARDOU

DE L'ACADÉMIE FRANÇAISE

LA PERLE NOIRE	nouvelle . . .	127
— Les Trois Ciseaux	fantaisie . . .	48
— Le Rosier de Schubert.	poésie	36

SAYGÉ

		Nombre de pages.
MÉMOIRES DE TANTE GERTRUDE.... roman		540

GUSTAVE SCHLUMBERGER

LES ILES DES PRINCES :
— L'église et le palais des Blachernes.
— La grande muraille de Byzance. variétés . . .   307
— Souvenirs d'Orient. — Un train de plaisir à Sardes et Philadelphie de Lydie. . . . .   —   . . .   118

LOUIS DE SOUDAK

LA LIONNE D'ODESSA . . . . roman   412
LA VOCATION DE VALENTIN . . . . . .   —   . . .   350

FRÉDÉRIC SOULIÉ
— ŒUVRES COMPLÈTES —

LES AMOURS DE VICTOR BONSENNE, *voir* LES DRAMES INCONNUS.

AU JOUR LE JOUR . . . . roman   315

AVENTURES D'UN JEUNE CADET DE FAMILLE, *voir* LES DRAMES INCONNUS.

AVENTURES DE SATURNIN FICHET, 2 vol.   —   744

LE BANANIER . . . .   —   240
— Eulalie Pontois. . . . . nouvelle . . .   110

LE CHATEAU DES PYRÉNÉES, 2 vol. . . . roman   577

LE COMTE DE FOIX, *voir* LE COMTE DE TOULOUSE. . . . .   —   241

LE COMTE DE TOULOUSE. . . . .   —   341
— *Série*: 1° Le comte de Toulouse. — 2° Le comte de Foix. — 3° Le vicomte de Béziers.

LA COMTESSE DE MONRION :
— 1° LA LIONNE. . . . . roman. . . .   300
— 2° JULIE. . . . .   —   370

		Nombre de pages.
CONFESSION GÉNÉRALE, 2° vol..... roman....		638
LE CONSEILLER D'ÉTAT........ —		310

CONTES ET RÉCITS DE MA GRAND'MÈRE:

— Le Tour de France......... nouvelle....		156
— Le Cocher du Maréchal C..... —		18
— La Poupée de la fête aux Loges.. —		14
— L'Orpheline de Waterloo...... —		32
— Le Louis d'or........... —		14
— Louis Jacquot........... —		14
— Le Roi Jean............ —		20
— Le Conseiller au Parlement.... —		24
— La Mort de Duranti....... —		17

CONTES POUR LES ENFANTS :

— L'Enfant des Grenadiers de la Garde —		15
— Eugénie ou l'Enfant sans mère... —		14
— Le Roi de Rome.......... —		14
— Le Sapeur de dix ans....... —		18
— M. Perroquet........... —		30
— L'Auberge de Sainte-Gabelle... —		18
— Le Tour de France......... —		24
— La Mort d'un enfant........ —		23
— Le petit Pêcheur.......... —		24
— Jane Grey ou la Reine de seize ans. —		20
— La Lanterne magique....... —		56
— Bataille d'Austerlitz........ —		20
— Rivalité de Murat et de Davoust.. —		16
— L'Arc-de-Triomphe de l'Étoile... —		16

LES DEUX CADAVRES......... —		364

LES DRAMES INCONNUS :

— 1° LA MAISON N. 3 DE LA RUE DE PROVENCE.......... roman....		313
— 2° AVENTURES D'UN JEUNE CADET DE FAMILLE :........... —		305
— 3° LES AMOURS DE VICTOR BON-SENNE................ —		320
— 4° OLIVIER DUHAMEL........ —		342

		Nombre de pages
UN ÉTÉ A MEUDON:		
— La Nièce de Vaugelas	nouvelle	59
— Message	—	74
— La Grille du Parc	—	12
— Cœlina	—	28
— Tragédie bourgeoise	—	26
— Un Nom	—	34
— Le Rêve de Villebois	—	35
LES FORGERONS	roman	274
— Impressions de voyage	variétés	34
HUIT JOURS AU CHATEAU	roman	320
JULIE, voir LA COMTESSE DE MONRION.		
LE LION AMOUREUX	nouvelle	88
— La femme russe	—	30
— Les Drames invisibles	—	44
— Marguerite Lambrun	—	8
— L'Art de dire non	—	12
— Le Bas-Bleu	—	50
— L'Ame méconnue	—	16
— La Maîtresse de Maison de Santé	—	16
— Le Bourgeois campagnard	—	14
— L'Agent de change	—	16
— Le Contrôleur des contributions	—	14
LA LIONNE, voir LA COMTESSE DE MONRION.		
LE MAGNÉTISEUR	roman	330
LA MAISON N° 3 DE LA RUE DE PROVENCE voir LES DRAMES INCONNUS.		
LE MAITRE D'ÉCOLE	nouvelle	171
— Diane et Louise	—	199
UN MALHEUR COMPLET	nouvelle	103
— Les Averses	—	36
— Les deux Roses	—	22
— La Tour de Verdun	—	22
— Misères du Dimanche	—	74
— Un projet de Loi	—	20
— Léon Baburrus	—	30
— Les deux Aveugles de 1525	—	12
— Christine à Fontainebleau	—	50
MARGUERITE	nouvelle	23
— Restaurants et Gargotes	variété	23
— La Chambre des Députés	—	18

		Nombre de pages
LES MÉMOIRES DU DIABLE, 3 vol... roman....		904
OLIVIER DUHAMEL, *voir* LES DRAMES INCONNUS.		
LE PORT DE CRÉTEIL :		
— La Trappistine............ nouvelle....		54
— La Lampe de Saint-Just....... —		10
— Étrennes des bons Ménages..... —		26
— Nuit du 28 au 29 juillet...... —		13
— Un Montmorency........... —		52
— Mademoiselle de la Faille..... —		14
— Aimery Bérenger.......... —		24
— L'Écrivain public......... —		20
— Le sire de Terrides........ —		12
— L'Espionne............. —		50
— Scènes de 1815........... —		8
— L'Orage............... —		24
LES PRÉTENDUS............ —		157
— Le Château de Montfillon...... —		54
— Souvenirs de L'Ariège....... —		72
— Visite fiscale dans la Mayenne... —		27
LES QUATRE ÉPOQUES :		
— Les Celtes............. nouvelle....		77
— Les Gaulois............. —		64
— Les Romains............. —		120
— Les Chrétiens............ —		38
LES QUATRE NAPOLITAINES, 2 vol... roman....		343
— Anne de Pons............ nouvelle....		73
LES QUATRE SŒURS........... roman....		306
UN RÊVE D'AMOUR............ nouvelle....		79
— La Chambrière........... —		88
— Le Choix d'un nom......... —		16
— Une Bohémienne au XVᵉ siècle... —		22
— Maison de campagne à vendre... —		84
— Aventure du Chat galant..... —		8
— La Maison de santé........ —		15
SATHANIEL.............. roman....		318
SI JEUNESSE SAVAIT, SI VIEILLESSE POUVAIT ! 2 vol........... —		746
LE VICOMTE DE BÉZIERS, *voir* LE COMTE DE TOULOUSE............. —		400

ÉMILE SOUVESTRE

— ŒUVRES COMPLÈTES —

		Nombre de pages.
LES ANGES DU FOYER :		
— Monsieur Pierre . . . . nouvelle . . .		58
— Le Sagar des Vosges . . . . — . . .		68
— Les Ramasseurs de traines . . . . — . . .		10
— Le Cornet de l'Épicier . . . . — . . .		20
— Le Bouvreuil du père Marc . . . — . . .		11
— Les Deux portraits . . . . — . . .		14
— La Roche-Percée . . . . — . . .		17
— Le Petit verre d'eau-de-vie . . . . — . . .		8
— Drak le farfadet . . . . — . . .		12
— Une Nuit dans les bois . . . . . . — . . .		33
AU BORD DU LAC :		
— L'Esclave . . . . — . . .		60
— Le Serf . . . . — . . .		80
— Le Chevrier de Lorraine . . . . . . — . . .		88
— L'Apprenti . . . . — . . .		44

CATALOGUE SPÉCIAL

		Nombre de pages.
AU BOUT DU MONDE	roman	264

AU COIN DU FEU :

— Un Intérieur de diligence	nouvelle	30
— Un Secret de médecin	—	30
— Les Deux devises	—	20
— Le Poète et le paysan	—	18
— Le Sculpteur de la forêt Noire	—	27
— Le Parchemin du docteur maure	—	17
— Le Trésor	—	20
— Les Dix travailleurs	—	8
— L'Oncle d'Amérique	—	15
— Les Vieux portraits	—	11
— Les Choses inutiles	—	12
— Les Désirs	—	8
— Un Oncle mal élevé	—	16
— La grande Loi	—	7

CAUSERIES HISTORIQUES ET LITTÉRAIRES	variétés	901

CHRONIQUES DE LA MER :

— Les Pirates de Scilicie	nouvelle	67
— Gang-Roll	—	64
— Vilhem Barentz	—	58
— Jacques Avery	—	22
— Brest à deux époques	—	49

LES CLAIRIÈRES :

— Le Dépositaire	—	31
L'Éducation d'Achille	—	26
- Un Conte de l'abbé de Saint-Pierre	—	26
— Les Ailes d'Icare	—	30
— Un Précepte de La Fontaine	—	24
— Le Vieil Anabaptiste	—	18
— Le Hameau du Chêne	—	14
— Michel	—	16
— Les Préventions	—	26
- Benoist le commis-voyageur	—	38
— La Soirée de Noël	—	15

		Nombre de pages.
CONFESSIONS D'UN OUVRIER. . . . . . roman		282
CONTES ET NOUVELLES :		
— Le Chirurgien de marine. . . . . . nouvelle . . .		60
— Le Mari de madame de Solange . . . — . . .		74
— Gonzalès Coques. . . . . — . . .		66
— Les Eaux d'Abano. . . . . — . . .		42
— Le Jeune homme pâle. . . . . — . . .		37
DANS LA PRAIRIE :		
— Le Bossu de Sonmak. . . . . — . . .		32
— La Fille de l'avocat . . . . — . . .		30
— Le Filleul . . . . — . . .		34
— Jean-François l'indépendant . . . . — . . .		44
— Un Homme raisonnable. . . . . . . — . . .		32
— Les Gens qui s'amusent . . . . . . — . . .		54
— La Saint-Sylvestre. . . . . — . . .		20
LES DERNIERS BRETONS — 2 volumes :		
— La Bretagne et les Bretons. . . . . étude.		139
— Poésies de la Bretagne. . . . . . . —		221
— Industrie, commerce et agriculture. —		135
LES DERNIERS PAYSANS :		
— Le Sorcier du Petit-Haule . . . . . nouvelle . . .		25
— La Fileuse. . . . . — . .		29
— Les Bruyérons et les Saulniers . . . — . . .		44
— La Chasse aux trésors. . . . . . . — . . .		57
— La Niole blanche. . . . . — . . .		72
— Le Kacouss de l'Armor. . . . . . . — . . .		48
— Les Boisiers. . . . . — . . .		53
— La Groac'h. . . . . — . . .		14
LES DEUX MISÈRES. . . . . roman. . . .		302
LES DRAMES PARISIENS :		
— Une Femme célèbre . . . . nouvelle. . .		105
— La Machine infernale. . . . . . . — . . .		46
— Claude Rionel . . . . — . . .		111
L'ÉCHELLE DE FEMMES :		
— La Femme du peuple . . . . nouvelle. . .		89
— La Grisette . . . . — . . .		46
— La Bourgeoise . . . . — . . .		52
— La Grande dame. . . . . — . . .		123

		Nombre de pages.
EN BRETAGNE :		
— Komper. — La ville d'Is.	variété	45
— Châteaulin — Kemper — Concarneau — Penmarc'h — Pont-l'Abbé.	—	16
— Les Pardons en Bretagne	—	12
— Traditions de la Bretagne	—	26
— Le Pardon d'Auray (Morbihan)	—	18
— Costumes bretons	—	36
— Nantes	—	48
— Institutions populaires	—	18
— Destruction des vieux monuments.	—	12
— Un Mystère breton.	—	14
— Roche percée de la baie de Dinan.	—	6
— Saint-Hilaire.	—	12
— L'Automne.	—	5
EN FAMILLE :		
— Le Précepteur d'un roi.	nouvelle.	23
— L'Aveugle d'Armagh	—	10
— Le paysan de Caregliano.	—	28
— Le deux Écoliers de Westminster.	—	12
— La Lourde Croix.	—	16
— Les Ancres de miséricorde.	—	30
— La Pierre bornale	—	22
— Le Chirurgien de Saint-Martin	—	14
— Les Bergers d'Écosse.	—	44
— Mulhouse	variété	32
— Bâle	—	61
EN QUARANTAINE :		
— Le Traîneur de grèves.	nouvelle.	99
— Le Gardien du vieux phare.	—	80
— Le Garde du Lazaret.	—	82
LE FOYER BRETON, tome premier :		
— La Ferme des nids	conte	22
— Comorre.	—	18
— Les Trois rencontres.	—	17
— Histoire de Saint-Galonnek.	—	20
— Jean Rouge-Gorge.	—	19
— La Forge isolée.	—	25
— Les Lavandières de nuit.	—	16
— La Groac'h de l'île du Lok.	—	34
— Invention des bassins.	—	16
— Truz-ar-Pouliet.	—	19
— L'Île de Saint-Nicolas.	—	17
— Keris.	—	14

		Nombre de pages.
LE FOYER BRETON, tome second :		
— L'heureux Maho	conte	22
— La Souris de terre et le corbeau gris.	—	20
— Les Quatre dons	—	21
— La Hutte du sabotier	—	27
— Le Diable devenu recteur	—	23
— Les Korils de Plauden	—	24
— Peronik l'idiot	—	44
— Les Pierres de Plouinec	—	18
— L'Auberge blanche	—	8
— Le Sonneur	—	6
— Al Lew-Drez	—	6
LA GOUTTE D'EAU	roman	322
HISTOIRES D'AUTREFOIS :		
— L'Inventaire du Planteur	nouvelle	40
— Le Général Guillaume	—	36
— Fiamma	—	44
— Un dernier amour	—	78
— Le Brick norwégien	—	10
— L'Architecte inconnu	—	14
— Les Femmes poétiques	—	14
— L'Académie des paradoxes	—	10
L'HOMME ET L'ARGENT	roman	280
LECTURES JOURNALIÈRES	variétés	275
LOIN DU PAYS :		
— Saint-Domingue	variété	93
— Les Jésuites du Paraguay	—	42
— Canada. — Acadie. — Terre-Neuve	—	106
— Missionnaires et voyageurs	—	33
LA LUNE DE MIEL	roman	245
LA MAISON ROUGE	—	227
— Une Journée de loisir	—	46
LE MARI DE LA FERMIÈRE	nouvelle	135
— Un Roman de rencontre	—	78
— La République de la Bouquetière	—	16
— La Province à Paris	—	22

		Nombre de pages.
LE MAT DE COCAGNE	roman	317
LE MÉMORIAL DE FAMILLE	—	266
LE MENDIANT DE SAINT-ROCH	—	251
LE MONDE TEL QU'IL SERA	—	312
LE PASTEUR D'HOMMES	—	720
LES PÉCHÉS DE JEUNESSE	nouvelle	126
— Pierre Rivière	—	24
— Les Préventions	—	68
— Pors-Moguer	—	20
PENDANT LA MOISSON :		
— Les Bannis (Sibérie)	—	64
— David le Trappeur (Amérique)	—	48
— Le Facteur de Canton (Chine)	—	64
— La Troque (Sénégal)	—	48
— Tollar l'Indien (Indes)	—	42
UN PHILOSOPHE SOUS LES TOITS	roman	242
PIERRE ET JEAN :		
— Pierre Landais	nouvelle	134
— Jean Plébeau	—	167
PROMENADES MATINALES :		
— Un Mois de vacances	—	80
— Le marquis Fricandeau	—	32
— La Belle créole	—	26
— Guy-Eder de Fontenelle	—	44
— Adrien Brauwer	—	36
— Urbain Grandier	—	40
— Duel de La Chataigneraye et Jarnac	—	14
— Le Moine de Saire	—	6
RÉCITS ET SOUVENIRS :		
— Julien	—	90
— La Collaboratrice	—	46
— Une Rencontre	—	24
— Mademoiselle Antigone Hirel	—	24
— Les Tableaux parlants	—	14
— Un Amateur	—	12
— Le Contre-Maître	—	16
— Le Vieillard aux deux Flûtes	—	7
LES RÉPROUVÉS ET LES ÉLUS (2 volumes)	roman	762

		Nombre de pages.
RICHE ET PAUVRE . . . . roman.		301
LE ROI DU MONDE (2 volumes) . . . . . —		668
SCÈNES DE LA CHOUANNERIE :		
— La Famille Chouan. . . . . nouvelle.		88
— Jambe-d'Argent et M. Jacques . . . —		84
— Le Sonneur de cloche . . . . —		80
SCÈNES DE LA VIE INTIME :		
— Le Médecin des Ames . . . . —		76
— Savenières . . . . —		72
— Une Étrangère . . . . —		126
SCÈNES ET RÉCITS DES ALPES :		
— Le Chasseur de chamois . . . . . . —		75
— Le Filloie des Allemagnes . . . . . —		114
— L'Hospice de Selisberg . . . . —		71
LES SOIRÉES DE MEUDON :		
— Correspondance d'une institutrice . —		108
— La Leçon d'une sœur . . . . —		18
— Un Mariage de puritains . . . . . . —		20
— Les Rencontres de Friedlin . . . . . —		26
— La Saint-Léonard . . . . —		22
— Le Dimanche des Rameaux . . . . —		16
— Le Chien enragé . . . . —		14
— Le Paysan et l'avocat . . . . —		8
— Le Gobelet de fer-blanc . . . . . . —		3
— La Fille d'Erwin . . . . —		20
SOUS LA TONNELLE :		
— La dernière Fée . . . . —		14
— L'Incognito . . . . —		10
— Une Famille ridicule . . . . —		30
— Une Nuit dans les nuages . . . . . —		18
— Le Chien de Tobie . . . . —		18
— Dire et faire . . . . —		26
— Le Trompette . . . . —		14
— La Lettre de recommandation . . . —		10
— La Prise de tabac . . . . —		18
— Le Précepteur sans le savoir . . . . —		14
— Les Projets . . . . —		22
— Les Rivaux . . . . —		22
— La petite Colonie . . . . —		18
— Ce que l'argent ne peut acheter . . —		6

		Nombre de pages.
SOUS LES FILETS:		
— Le Passeur de la Vilaine	nouvelle	90
— Le Marinier de Loire	—	89
— L'Éclusier	—	74
SOUS LES OMBRAGES:		
— Barnabé Crux	—	27
— Les deux Voisins	—	54
— Blanche Lorzy	—	58
— Bianca Capello	—	84
— La Maison de la rue d'Enfer	—	60
SOUVENIRS D'UN BAS-BRETON (2 volumes)	roman	564
SOUVENIRS D'UN VIEILLARD, la dernière étape	—	249
SUR LA PELOUSE:		
— La rude Tâche	nouvelle	8
— Le Ventriloque	—	8
— Une Poursuite d'enfants	—	6
— Le Petit Orateur	—	8
— Les Deux Chiens	—	6
— Ohmacht	—	12
— Le Conscrit	—	18
— La Mère de Washington	variété	12
— Madame de Sévigné	étude	24
— Une Demoiselle de Paris	variété	28
— Les Jeux olympiques	—	10
— Souvenirs d'un Gaulois	—	98
— Chateaubriand	étude	23
THÉÂTRE DE LA JEUNESSE:		
— La Loterie de Francfort	pièce	39
— Le Testament de madame Patural	—	44
— Comme on fait son lit on se couche	—	38
— La Vieille Cousine	—	43
— L'Incognito	—	58
— Le Cousin Pierre	—	45
TROIS FEMMES	poésies	259

		Nombre de pages
TROIS MOIS DE VACANCES :		
— Les Voleurs de temps	nouvelle	27
— Le Commis-voyageur	—	24
— Mœurs anglaises (Un procès)	—	28
— Les Prisonniers d'Amérique	—	36
— Études anecdotiques (Les Tribunaux)	—	28
— Une Lecture en province	—	24
— Les Journalistes en province	—	12
— Les Prédicateurs d'autrefois	—	24
— Trois femmes de Walter Scott	—	23
— Le Tonnerre	—	18
LA VALISE NOIRE	nouvelle	69
— Le Jeune pasteur	—	56
— Le Portefeuille de chagrin	—	62
— La Guerre des loups	—	38
— Une Conversation en wagon	—	16
— Les Infiniment petits	—	40

MARIE SOUVESTRE

PAUL FERROLL	roman	310

FRÉDÉRIC DE SPENGLER

LE SECRET DE HERTA :		
— Le Secret de Herta	nouvelle	47
— La Bovardaye (conte fantastique)	—	80
— Nadir (conte arabe)	—	8
— La Noël du pompier	—	24
— Namouhna la favorite (orientale)	—	8
LA FOLLE DES MARCOTTES *récit alpestre :*		
— I. Salvan	nouvelle	4
— II. La famille Balmoz	—	4
— III. La conquête d'un cœur	—	3
— IV. La calomnie	—	5
— V. La chute	—	3
— VI. Misère	—	8
— VII. La consolation	—	4
— VIII. Le bal à Salvan	—	8
— IX. L'incendie	—	4
— X. La folle	—	5

		Nombre de pages.
— XI. Le dernier coup.	nouvelle.	5
— Le jeune fédéral, conte suisse.	—	12
— L'encrier.	—	14
— La fin d'un maçon.	—	6
— Les pauvres.	—	8
— Le conte de la veillée.	—	6
— Les malheureux.	—	16
— La tête de mort.	—	18
— Une journée d'été.	—	10
— Simple conte.	—	12
— Le poète.	—	40
— Contrastes.	—	10

STENDHAL

— ŒUVRES COMPLÈTES —

L'ABBESSE DE CASTRO.	nouvelle.	183
— Victoria Accoramboni.	—	40
— Les Cenci.	—	50
— La Duchesse de Palliano.	—	36
— Vanina Vanini.	—	88
ARMANCE.	roman.	205
LA CHARTREUSE DE PARME.	—	450
CORRESPONDANCE INÉDITE, 2 volumes.	lettres.	647
DE L'AMOUR.	variété.	367
HISTOIRE DE LA PEINTURE EN ITALIE.	étude.	432
MÉLANGES D'ART ET DE LITTÉRATURE :		
— Essai sur le Rire.	variété.	31
— Vie d'André del Sarto.	—	16
— Vie de Raphaël.	—	34
— Le Coffre et le Revenant.	—	36
— Le Philtre.	—	26
— Salon de 1824.	—	12
— Journal d'un voyage en Italie.	—	16
— Notes d'un dilettante.	—	55
— D'un nouveau Complot contre les industriels.	—	20

		Nombre de pages
MÉMOIRES D'UN TOURISTE, 2 volumes .	voyages....	724
NOUVELLES INÉDITES :		
— Le Chasseur vert............	nouvelle ...	130
— Le Juif (Filippo Ebreo).......	— ...	22
— Féder (Le Mari d'argent)......	— ...	112
PROMENADES DANS ROME, 2 volumes .	voyages ..	734
RACINE ET SHAKSPEARE.........	étude	229
— Qu'est-ce que le Romanticisme ?..	variété. ...	32
— Lord Byron en Italie........	— ...	25
— Le Parnasse italien.........	— ...	8
— Walter Scott et la princesse de Clèves	— ...	5
— Du Style...............	— ...	22
ROME, NAPLES ET FLORENCE.....	voyages ...	432
LE ROUGE ET LE NOIR, 2 volumes...	roman	503
VIE DE NAPOLÉON............	histoire....	298
VIE DE ROSSINI.............	étude.....	368
VIE DE HAYDN..............	— ...	213
— Vie de Mozart............	— ...	58
— Vie de Métastase..........	— ...	65

DANIEL STERN

ESQUISSES MORALES...........	variétés....	380
ESSAI SUR LA LIBERTÉ.........	étude.....	334
FLORENCE ET TURIN...........	voyages ...	323
HISTOIRE DE LA RÉVOLUTION DE 1848, 3 vol.	histoire....	1065
HISTOIRE DES COMMENCEMENTS DE LA RÉPUBLIQUE AUX PAYS-BAS	— ...	452
MES SOUVENIRS	mémoires, .	402
NÉLIDA.................	roman	285
— Hervé................	nouvelle ...	56
— Julien................	— ...	32

		Nombre de pages.
VALENTIA :		
— Valentia..............	— ...	97
— Hervé...............	— ...	78
— La Boîte aux Lettres........	— ...	97
— Ninon au Couvent.........	proverbe ...	30

STERNE

VOYAGE SENTIMENTAL..........	roman ...	258

R.-L-. STEVENSON

SUICIDE-CLUB	nouvelles	
— Histoire du jeune homme aux tartes.	— ..	67
— Histoire du docteur et de la malle de Saratoga.............	— ...	58
— L'aventure des *Hansom-cabs*....	— ...	44
LE DIAMANT DU RAJAH..........		
— Histoire du carton à chapeau ...	— ...	59
— Histoire du jeune homme dans les ordres................	— ...	28
— Histoire de la maison aux jalousies vertes................	— ...	04
— L'aventure du prince Florizel et d'un détective..............	— ...	14

LAURE SURVILLE

BALZAC, SA VIE ET SES ŒUVRES....	étude.....	210
LE COMPAGNON DU FOYER :		
— Les Deux Vacances	nouvelle ...	51
— Un Crime échappé aux tribunaux .	— ...	40
— Le Vieux Curé et la Jeune Samaritaine	— ...	42
— Le petit Joueur d'orgues.......	— ...	70
— Le Danger des superstitions	— ...	52
— La Cousine Rosalie	— ...	36
— L'Ouvrière et la mendiante	— ...	68
— Une Leçon de foi	— ...	7
LES RÊVES DE MARIANNE.........	roman	295

GÉNÉRAL TCHENG-KI-TONG

Nombre de pages.

LES CHINOIS PEINTS PAR EUX-MÊMES :

— Considérations sur la famille	variétés . .	17
— Religion et philosophie.	— . . .	12
— Le mariage	— . . .	13
— Le divorce.	— . . .	14
— La femme.	— . . .	12
— La langue écrite.	— . . .	22
— Les classes	— . . .	13
— Les lettrés.	— . . .	14
— Le journal et l'opinion.	— . . .	27
— Époques préhistoriques.	— . . .	18
— Proverbes et maximes.	— . . .	13
— L'éducation	— . . .	11
— Le culte des ancêtres	— . . .	7
— L'œuvre de la Sainte-Enfance . . .	— . . .	7
— Les classes laborieuses	— . . .	9
— Les chansons historiques	— . . .	12
— Les plaisirs	— . . .	17
— La société européenne.	— . . .	21
— La poésie classique	— . . .	22
— Orient et Occident.	— . . .	17
— L'arsenal de Fou-Tchéou.	— . . .	12
LE THÉATRE DES CHINOIS	étud. de mœurs	322

E. TEXIER ET C. LE SENNE

MADEMOISELLE DE BAGNOLS	roman	397

W. THACKERAY

LES MÉMOIRES D'UN VALET DE PIED. .	roman	275
MORGIANA.	nouvelle . . .	154
— Quelques souvenirs de Thackeray, par Ch. Dickens	étude.	8
— La Ballade de la bouillabaisse. . .	nouvelle . . .	6
— Le Chevalier déshérité.	— . . .	79

MISS THACKERAY

		Nombre de pages
LA CAMPANULE	nouvelle	82

EDMOND THÉRY

SOUS L'UNIFORME :

— Ruse de Guerre (épisode de la campagne 1870-71)	nouvelle	17
— Amour et Patrie	—	40
— La Lettre du Conscrit	—	12
— Un Patriote	—	38
— La Foudroyante	nouvelle	10
— Une Aventure d'étape	—	24
— Le Chien de l'Escadron	—	30
— La Treizième batterie	—	28
— Un Terrible caporal	—	8
— Maudite Guerre	—	22
— L'Aveugle	—	8
— L'Histoire d'un Canard	—	28
— Les Deux Maraudeurs	—	28
— La Sœur du Trompette (mœurs militaires)	—	18
— La Mort d'un Vieux Sergent (épisode militaire)	—	28
— Le Capitaine Nesco	—	18
— Le Pendu (la fin d'un mauvais soldat)	—	17

CH. THIERRY-MIEG

SIX SEMAINES EN AFRIQUE	souv. de voyage	352

LÉON DE TINSEAU

ALAIN DE KERISEL	roman	290
LA MEILLEURE PART	—	353
L'ATTELAGE DE LA MARQUISE	nouvelle	61
— Le secret de l'abbé Césaire	—	258
— Comment on devient pacha	—	79
MADAME VILLEFÉRAN jeune	roman	391
ROBERT D'ÉPIRIEU	—	267

PHILIPPE TONELLI

Nombre de pages.

LES AMOURS CORSES.	nouvelles		
— Le roman de deux inconnues . . .	—	. .	147
— Une tombe dans les makis	—	. . .	20
— Benedetta.	—	. . .	10
— La pipe de mon oncle.	—	. . .	6
— La femme corse.	—	. . .	4
— Le souvenir de Zia-Maria.	—	. . .	14
— Une nuit à la Sainte-Baume	—	. . .	10
— Les larmes de Noël	—	. . .	14
— La mort du bandit Suzzoni.	—	. . .	18
— Paul Angeli	—	. . .	86

CHANSONS CORSES :

— Sérénade	—	. .	6
— Berceuse	—	. . .	10
— Lamento.	—	. . .	14

LES COQUILLES. . . . . — . . . 58

F. E. TROLLOPE

LE CHAGRIN DE TANTE MARGUERITE. . nouvelle . . . 112

LOUIS ULBACH

— ŒUVRES COMPLÈTES —

L'AMOUR MODERNE :

— Profession de foi, en guise de préface	variété	. . . .	11
— La Poésie en cour d'assises	—	. . .	14
— Le roman de l'amitié	—	.	17
— La frénésie de l'adultère.	—	. . .	12
— Un original	—	. . .	16
— Un mariage impossible.	—	. . .	16
— L'amour dans les élections.	—	. . .	12
— La chasse aux vierges.	—	. . .	14
— L'esprit de Ninon	—	. . .	12

CATALOGUE SPÉCIAL

		Nombre de pages.
— Alphonse beau-père	bibliographie.	16
— L'esprit des honnêtes femmes	—	12
— Le danger de convoler	—	16
— Mars et Vénus	—	12
— Tableau de famille	—	10
— Le mariage de Louise	—	14
— Un mari décavé	—	14
— La dame qui va au cours	—	14
— Les trois fiançailles	—	12
— Un mari galant	—	14
— L'entrée des artistes	—	16
— L'enfant de deux mères	—	14
— Le gendre pudique	—	14
— L'art de vérifier les dates	—	7
— Madame Gribouille	—	11

AUTOUR DE L'AMOUR :

— Un mari de trop	variété	13
— Un mariage idéal	—	16
— La question de l'alcôve	—	10
— Les absents ont-ils raison ?	—	14
— Parlez au concierge	—	14
— La liberté d'aimer	—	10
— Sur les galets	—	12
— Nouvelles lettres édifiantes	—	14
— Histoire à faire peur	—	12
— L'amour silencieux	—	14
— L'enfant de la chanoinesse	—	20
— Le cabinet noir de l'amour	—	16
— Le serin du général	—	12
— Deux amies fidèles	—	12
— Les lettres au rebut	—	12
— Une honnête femme	—	12
— L'amour et la santé	—	14
— Des gens heureux	—	12
— Dickens et le bal de l'Opéra	—	14
— L'amour et Psyché	—	8
— Psyché raisonnable	—	12
— Une liquidation manquée	—	10
— Un mariage désintéressé	—	10
— Les amours de Monseigneur	—	16
— Le mystère de madame Pellerin	—	18

DE REPRODUCTIONS 175

		Nombre de pages.
LES AVENTURES DE TROIS GRANDES DAMES A LA COUR DE VIENNE :		
— 1° LA PRINCESSE MORANI	roman	332
— 2° MAGDA	—	332
— 3° LA COMTESSE DE THYRNAU	—	385
LE BARON AMÉRICAIN	—	372
LES BUVEURS DE POISON :		
— 1° NOELE	—	357
— 2° LA FÉE VERTE	—	356
CAUSERIES DU DIMANCHE	variétés	370
LE CHATEAU DES ÉPINES	roman	356
— *Série :* 1° Le Château des Épines.		
— 2° Le Crime de Martial.		
LA CHAUVE-SOURIS, *voir* LE PARRAIN DE CENDRILLON	—	311
LES CINQ DOIGTS DE BIROUK	—	374
— *Série :* 1° Les Cinq doigts de Birouk.		
— 2° Le Secret de Mlle Chagnier.		
LA COCARDE BLANCHE	—	288
LE COMTE ORPHÉE	—	892
LA COMTESSE DE THYRNAU, *voir* LES AVENTURES DE TROIS GRANDES DAMES A LA COUR DE VIENNE.		
LA CONFESSION D'UN ABBÉ	roman	382
NOS CONTEMPORAINS :		
— Napoléon III	biographie	37
— Lamartine	—	42
— Le duc d'Aumale	—	66
— Victor Hugo	—	26
— Louis Blanc	—	32
— Sainte-Beuve	—	33
— Mazzini	—	26
— George Sand	—	48
— Thiers	—	50
— Jules Grévy	—	27

		Nombre de pages.
LE CRIME DE MARTIAL, voir LE CHATEAU DES ÉPINES . . . . roman. . . .		375
CYRILLE, voir LES MÉMOIRES D'UN ASSASSIN.		
ÉCRIVAINS ET HOMMES DE LETTRES . . variété		392
L'ENFANT DE LA MORTE . . . . roman		440
LA FÉE VERTE, voir les BUVEURS DE POISON		
LA FLEURIOTTE, — 2 volumes — . . . . roman		635
FRANÇOISE. . . . . — . . .		400
GUIDE SENTIMENTAL DE L'ÉTRANGER DANS PARIS :		
— Avis à l'étranger. . . . . variété		7
— Paris-hôtel . . . . — . . .		14
— Paris qui mange. . . . . — . . .		17
— Paris qui boit. . . . . — . . .		16
— Paris en voiture. . . . . — . . .		13
— Paris à pied. . . . . — . . .		14
— Paris-costume. . . . . — . . .		14
— Paris penseur . . . . — . . .		17
— Paris politique. . . . . — . . .		12
— Paris officiel. . . . . — . . .		16
— Paris qui s'amuse. . . . . — . . .		14
— Paris-amour. . . . . — . . .		14
— Paris qui travaille. . . . . — . . .		16
— Paris-finance. . . . . — . . .		11
— Paris-misère. . . . . — . . .		16
— Paris criminel . . . . — . . .		14
— Paris dévot . . . . — . . .		18
— Paris funèbre . . . . — . . .		13
— Paris-budget. . . . . — . . .		10
— Paris qui parle. . . . . — . . .		17
— Paris-vérité . . . . — . . .		14
— Les Environs de Paris . . . . . — . . .		27
HISTOIRE D'UNE MÈRE ET DE SES ENFANTS roman		259
— Madame Gottlieb. . . . . nouvelle . . .		55
LA HOLLANDE ET LA LIBERTÉ DE PENSER au XVIIe et XVIIIe siècle . . . . études		269
L'HOMME AU GARDÉNIA . . . . roman		743

		nombre de pages.
L'HOMME AUX CINQ LOUIS D'OR.....	roman	284
— Le Brelan............	nouvell ...	47
LE JARDIN DU CHANOINE.......	roman	333
LETTRES DE FERRAGUS.........	variétés....	311
LETTRES D'UNE HONNÊTE FEMME :		
— Le Choix d'un encrier.......	variété ...	13
— L'Affaire Dolbeau...	—	12
— Les Pigeons..........	—	10
— L'Adultère........	—	12
— Les Rogations...........	—	12
— Histoire d'un lâche.......	—	12
— Les Rosières...........	—	14
— Un tableau à faire.........	—	10
— La Loi militaire.........	—	10
— Une brutalité du Code civil.....	—	10
— L'Emancipation des femmes...	—	10
— Un Paysage...........	—	10
— La Question des chapeaux.....	—	12
— L'Impôt sur les domestiques....	—	12
— La Bigote............	—	12
— Faut-il tuer la femme adultère?..	—	12
— L'Emprunt de 1872........	—	12
— La Fin du monde........	—	12
— Une Prussienne.........	—	12
— La Femme est partout.......	—	12
— Les Jonchets..........	—	14
— La Dignité de la presse.....	—	12
— Les Reporters...........	—	12
— Le Féminin dans l'homme.....	—	12
— Une circulaire de ministre.....	—	10
— Les Poupées..........	—	10
— La Peur de la femme......	—	12
— Un livre scandaleux........	—	12
— Les Poètes sont morts.......	—	9
LE LIVRE D'UNE MÈRE....	—	280
LOUISE TARDY.............	roman .	293
MAGDA, voir AVENTURES DE TROIS GRANDES DAMES A LA COUR DE VIENNE.		
MADAME GOSSELIN.........	—	106

		Nombre de pages
LA MAISON DE LA RUE DE L'ÉCHAUDÉ . roman	. . .	454
— *Série :* 1° La Maison de la rue de l'Échaudé; — 2° La Ronde de nuit.		
LE MARI D'ANTOINETTE . . . . —	. . .	375
LE MARIAGE DE POUCHKINE, *voir le* TAPIS VERT . . . . —	. . .	351
LE MARTEAU D'ACIER . . . . —	. . .	381
— *Série :* 1° Le Marteau d'acier. — 2° Quinze ans de Bagne		
MAXIME, *voir les* MÉMOIRES D'UN ASSASSIN.		
MÉMOIRES D'UN ASSASSIN :		
— 1° CYRILLE . . . . —	. . .	422
— 2° MAXIME . . . . . . —	. . .	400
MÉMOIRES D'UN INCONNU . . . . . . —	. . .	334
MONSIEUR ET MADAME FERNEL . . . . —	. . .	380
MONSIEUR PAUPE . . . . —	. . .	338
— *Série :* 1° Monsieur Paupe. — 2° Simple amour		
NOELE, *voir les* BUVEURS DE POISON.		
PAPA OBTIN . . . . roman	. . .	322
LES PARENTS COUPABLES (Mémoires d'un lycéen) . . . . —	. . .	307
LE PARRAIN DE CENDRILLON . . . . . —	. . .	313
— *Série :* 1° Le Parrain de Cendrillon. — 2° La Chauve-souris		
PAULINE FOUCAULT . . . . —	. . .	449
LE PRINCE BONIFACIO . . . . —	. . .	185
— La Dame blanche de Bade . . . . nouvelle	. . .	34
— Le petit homme rouge. . . . . . —	. . .	50
— Le Démon du lac. . . . . —	. . .	31
LA PRINCESSE MORANI, *voir* AVENTURES DE TROIS GRANDES DAMES A LA COUR DE VIENNE.		

		Nombre de pages.
QUINZE ANS DE BAGNE, *voir* le MARTEAU D'ACIER. . . . . roman		365
RÉPARATION. . . . . —		350
LA RONDE DE NUIT, *voir* la MAISON DE LA RUE DE L'ÉCHAUDÉ. . . . . —		384
LES ROUÉS SANS LE SAVOIR :		
— Les Roueries d'une ingénue	nouvelle	100
— Histoire d'un honnête homme . .	roman	175
— Les deux médecins.	nouvelle	136
LE SACRIFICE D'AURÉLIE.	roman	445
LE SECRET DE MADEMOISELLE CHAGNIER, *voir* les CINQ DOIGTS DE BIROUK	—	315
LES SECRETS DU DIABLE :		
— Argine Picquet.	nouvelle	22
— Le Brelan.	—	47
— Voyage autour de mon clocher. .	—	80
— Le Démon du lac	—	31
— Le Petit homme rouge.	—	59
— La Dame blanche de Bade. . . .	—	34
— François Girardon	—	10
— Histoire d'une Naïade.	—	20
SIMPLE AMOUR, *voir* MONSIEUR PAUPE. .	roman	386
SUZANNE DUCHEMIN	—	227
— La Baronne de Bligny	—	69
LE TAPIS VERT.	—	281
— *Série :* 1° Le Tapis vert.		
— 2° Le Mariage de Pouchkine.		
LA VOIX DU SANG	—	348
VOYAGE AUTOUR DE MON CLOCHER . .	nouvelle	80
— Histoire d'une Naïade	—	20
— Voyage à Luxembourg.	variété	14
— Voyage à Gand.	—	18
— Argine Picquet	nouvelle	22
— Histoire d'une dame de cœur . . .	—	81

MAX VALREY

		Nombre de pages.
LES FILLES SANS DOT :		
— Marcel	roman	216
— Léonie	—	108
MARTHE DE MONTBRUN	roman	310
CES PAUVRES FEMMES :		
— Hermine	nouvelle	157
— Madame de Lirvans	—	144
LES VICTIMES DU MARIAGE	roman	300

LÉON VÉDEL

MADAME DE PONTY	nouvelle	57
— Jacqueline de la Borie	—	172
— Jane	—	54
— L'œillet	—	36

LOUIS & GEORGES VERBRUGGHE

FORÊTS VIERGES	voyages	325
PROMENADES ET CHASSES DANS L'AMÉRIQUE DU NORD	—	345

E. DE VILLERS

LE MAL DU PAYS	nouvelle	67
— Le roman du bibliothécaire	—	44
— Cécile	—	100
— La Dame de Compagnie	—	66
— Le Mariage de Berthe	—	59

Cte DE VILLIERS DE L'ISLE-ADAM

CONTES CRUELS :		
— Les demoiselles de Bienfilâtre	nouvelle	13
— Véra	—	15

		Nombre de pages.
— Vox populi . . . . nouvelle . . .		
— Deux Augures. . . . . — . . .		18
— L'Affichage céleste. . . . . — . . .		7
— Antonie. . . . . — . . .		2
— La Machine à gloire. . . . . — . . .		24
— Duke of Portland . . . . — . . .		8
— Virginie et Paul . . . . — . . .		6
— Le Convive des dernières fêtes. . . — . . .		33
— A s'y méprendre . . . . — . . .		5
— Impatience de la foule . . . . . . — . . .		14
— Le Secret de l'ancienne musique. . — . . .		7
— Sentimentalisme. . . . . — . . .		13
— Le plus beau dîner du monde. . . — . . .		11
— Le Désir d'être un homme. . . . . — . . .		14
— Fleurs de ténèbres . . . . — . . .		3
— L'Appareil pour l'analyse chimique du dernier soupir. . . . . — . . .		10
— Les Brigands . . . . — . . .		10
— La reine Isabeau . . . . — . . .		10
— Sombre Récit, Conteur plus sombre. — . . .		18
— L'Intersigne. . . . . — . . .		25
— L'Inconnue . . . . — . . .		19
— Maryelle . . . . — . . .		13
— Le Traitement du docteur Tristan . — . . .		7
— Conte d'amour . . . . — . . .		7
— Souvenirs occultes. . . . . — . . .		8
— L'Annonciateur. . . . . — . . .		33

JACQUES VINCENT

JACQUES DE TRÉVANNES. . . . . roman	285

Vte E. MELCHIOR DE VOGÜÉ

LE FILS DE PIERRE LE GRAND . . . . . variétés . . .	200
— Mazeppa, la Légende et l'Histoire. . — . .	90
— Un changement de règne. — La mort de Catherine II et l'avènement de Paul Ier . . . . — . .	72
HISTOIRES D'HIVER . . . . sc. de la vie russe	142

		Nombre de pages.
HISTOIRES ORIENTALES :		
— Chez les Pharaons, Boulaq et Saqqarah	nouvelle	57
— Vanghéli, une Vie orientale	—	84
— La Thessalie et la Frontière grecque.	—	72
— De Bysance à Moscou, les Voyages d'un Patriarche.	—	64
— Une Guerre servile en Russie, la Révolte de Pougatchef	—	76

A. WODZINSKI

LA PRINCESSE LAMANZOFF.	roman	400
LES TROIS ROMANS DE FRÉDÉRIC CHOPIN	étude biogr.	339
VAINQUEURS ET VAINCUS	roman	327

H. WOOD

TRADUCTION E. A. SPOLL

LE CHATEAU TRAGIQUE	roman	424

XXX

A COTÉ DU BONHEUR	roman	340

TABLE

	Pages.		Pages.
Achim d'Arnim	1	Mme Joséphine R. Backer	7
Adolphe Adam	1	Baronne de B***	7
W.-H. Ainsworth	2	Adolphe Badin	7
Th.-B. Aldrich	2	H. de Balzac	8
Duc d'Alençon	2	G. Barillon	18
Henri Amic	3	Madame de Bassanville	19
J.-J. Ampère	3	Ch. Bataille et C. Rasetti	19
F. Antony	3	Charles Baudelaire	19
Madame d'Arbouville	3	Madame de Bawr	21
B. Arbré de la Roche	4	P. de Beausire-Seyssel	21
Joseph d'Arçay	4	Roger de Beauvoir	21
N. d'Arnoldy	4	Madame Roger de Beauvoir	23
André d'Arrèze	4	Henri Béchade	23
Piotre Artamow	4	Madame Beecher-Stowe	23
Émile Augier	4	La princesse de Belgiojoso	24
Duc d'Aumale	5	Marquis de Belleval	24
L'auteur de *la Duchesse d'Orléans*	5	Adolphe Belot	24
L'auteur de *John Halifax*	5	Th. Bentzon	24
L'auteur de *Robert Emmet*	6	Hector Berlioz	28
L'auteur de *le vaste Monde*	6	Charles de Bernard	28
J. Autran	6	Julien Berr de Turique	29

	Pages.		Pages.
Miss M. Betham Edwards	29	Philarète Chasles	41
		Émile Chevalier	42
E. Beulé	29	Madame Louise Colet	42
Armand Beyra	29	Henri Conscience	42
William Black	29	Athanase Coquerel	46
H. Blaze de Bury	30	Marquise de Créquy	46
Paul Bocage	31	Comtesse Dash	46
Camille Bodin	31	Général Daumas	52
Alfred de Bréhat	31	Ernest David	52
Bret-Harte	34	E. J. Delécluze	52
L. de La Brière	34	Eugène Deligny	52
Feu le duc de Broglie	35	Édouard Delpit	53
Duc de Broglie	35	Emmanuel Denoy	53
Rhoda Brougthon	35	Louis Despréaux	53
Ferdinand Brunetière	36	Charles Dickens	53
E.-L. Bulwer	36	Le Père Didon	54
Francis Burnett	37	X. Doudan	54
G. W. Cable	37	Ernest Dubreuil	55
Edouard Cadol	37	El. Dufour	55
Paul Caillard	37	Alexandre Dumas	55
Robert Calmon	38	Alexandre Dumas fils	67
Princesse Cantacuzène-Altieri	38	Henri Dupin	69
		G. Duprez	70
Émilie Carlen	39	La Générale Durand	70
Carle des Perrières	39	Charles Edmond	70
Madame E. Caro	39	M™ Edwards	70
Émile Carrey	39	Edward Eggleston	70
Cary O'Brien	40	George Eliot	70
Comtesse Castellana Acquaviva	40	Madame Elliott	71
		Emma d'Erwin	71
Comte de Castellane	40	S. Le Fanu	71
Céleste de Chabrillan	40	Claude Fauriel	71
Paul du Chaillu	41	Léa Fergusson	71
Charley	41	Léonce Ferret	71
Gabriel Charmes	41	Comte de la Ferrière	71

TABLE

	Pages.		Pages.
Gabriel Ferry	71	Gustave Hulter	85
Octave Feuillet	72	Hamilton-Aidé	85
Ernest Feydeau	73	Comte d'Haussonville	86
Folarçon	74	Comte O. d'Haussonville	86
Fontaine de Rambouillet	75	Nathaniel Hawthorne	86
Forsan	75	Henri Heine	87
Anatole France	75	Ernest d'Hervilly	88
Antoine Gandon	75	Hildebrand	90
Comte Agénor de Gasparin	75	Hoffmann	91
		Robert Houdin	91
— L'auteur des *Horizons prochains*	77	F. Hugonnet	91
		Léon Hugonnet	91
Théophile Gautier fils	78	Washington Irving	91
Sophie Gay	78	Victor Jacquemont	92
A. Gennevraye	79	Victor Joly	92
Gérald	79	François de Julliot	93
Jules Gérard (le tueur de lions)	80	Alphonse Karr	93
		Léopold Kompert	98
Gerstaecker	80	Georges Kohn	98
Albert Gigot	80	I.-J. Kraszensky	98
Marcel Girette	80	Labarrière-Duprey	98
F. de Girodon-Pralon	81	Léopold Lacour	98
Jules de Glouvet	81	Madame Lafarge	99
Mis G.-W. Godfrey	81	H. Lafontaine	99
W. Godwin	81	L.-P. Laforêt	99
Gœthe	81	A. de Lamartine	99
Gœthe	81	Alex. Lambert de Ste-Croix	101
Olivier Goldsmith	81	L'abbé de Lamennais	101
Édouard Gourdon	81	Jules Lan	102
Une grande dame Russe	82	Carle Ledhuy	102
Amédée Guillemin	82	Madame Lee Childe	102
Gyp	82	E. Légé-Bersœur	102
Gyp et Trois Etoiles	85	Pierre Lepape	102
Ida Hahn-Hahn	85		

	Pages.		Pages.
Daniel Lesueur	102	Anne Radcliffe	128
Louis Létang	102	A.-R. Rangabé	128
Pierre Loti	103	Ernest Rasetti	129
Jacques Lozère	103	Georges Régnal	129
Adrien Maggiolo	104	Ch. de Rémusat	129
Xavier de Maistre	104	Madame de Rémusat	129
Marc-Monnier	104	Paul de Rémusat	129
X. Marmier	104	Ernest Renan	129
Max O'Rell	105	B.-H. Révoil	130
Capitaine Mayne-Reide	106	W. Reynolds	130
Prosper Mérimée	106	J. Ricard	130
J. Méry	109	Richard O'Monroy	131
Jules Michelet	114	Henri Rivière	137
Eugène de Mirecourt	115	B. de Rivière	138
Florence Montgommery	116	Clémence Robert	139
Henri Murger	116	Étienne Rocheverre	142
Paul de Musset	118	Nestor Roqueplan	142
Gérard de Nerval	119	Charles Ross	142
Baron de Nervo	120	G. Rothan	142
Le vicomte de Noé	120	Sacher Masoch	143
Jules Noriac	120	Gaston de Saint-Valry	143
Laurence Oliphant	124	Paul de Saint-Victor	143
Charles d'Osson	124	C.-A. Sainte-Beuve	144
Ouida	124	Pierre Sales	145
Édouard Pailleron	124	Gustave Salicis	145
Paria Korigan	124	Prudence de Saman	145
Lydie Paschkoff	125	George Sand	146
Théodore Pavie	125	Jules Sandeau	154
Paul Perret	126	Francisque Sarcey	154
Amédée Pichot	127	Victorien Sardou	154
Georges Picot	127	Saygé	155
Amédée Pigeon	127	Gustave Schlumberger	155
Arthur Pougin	128	Louis de Soudac	155
Georges Price	128	Frédéric Seulié	155
Henry Rabusson	128	Émile Souvestre	159

	Pages.		Pages.
Marie Souvestre	167	Philippe Tonelli	173
Frédéric de Spengler	167	F.-E. Trollope	173
Stendhal	168	Louis Ulbach	173
Daniel Stern	169	Max Valrey	180
Sterne	170	Léon Védel	180
R.-L. Stevenson	170	Louis et Georges Verbrugghe	180
Laure Surville	170	E. de Villers	180
Général Tcheng-Ki-Tong	171	Cte de Villiers de l'Isle-Adam	180
E. Texier et C. Le Senne	171	Jacques Vincent	181
W. Thackeray	171	Vte E. Melchior de Vogüé	181
Miss Thackeray	172	Comte Wodzinski	182
Edmond Théry	172	H. Wood	182
Ch. Thierry-Mieg	172	XXX	182
Léon de Tinseau	172		

PARIS. — IMPRIMERIE CHAIX, 20, RUE BERGÈRE. — 19932-6.